思想的・睿智的・獨見的

經典名著文庫

學術評議

丘為君　吳惠林　宋鎮照　林玉体　邱燮友
洪漢鼎　孫效智　秦夢群　高明士　高宣揚
張光宇　張炳陽　陳秀蓉　陳思賢　陳清秀
陳鼓應　曾永義　黃光國　黃光雄　黃昆輝
黃政傑　楊維哲　葉海煙　葉國良　廖達琪
劉滄龍　黎建球　盧美貴　薛化元　謝宗林
簡成熙　顏厥安（以姓氏筆畫排序）

策劃　楊榮川

五南圖書出版公司 印行

經典名著文庫

學術評議者簡介（依姓氏筆畫排序）

經典名著文庫059

羅馬盛衰原因論

Considérations sur les causes de la grandeur des Romains et de leur décadence

---

(法)孟德斯鳩 著
(C. De Montesquieu)
許明龍 譯
陳思賢 導讀

經典永恆・名著常在

五十週年的獻禮・「經典名著文庫」出版緣起

總策劃 楊榮川

五南，五十年了。半個世紀，人生旅程的一大半，我們走過來了。不敢說有多大成就，至少沒有凋零。

五南忝為學術出版的一員，在大專教材、學術專著、知識讀本出版已逾壹萬參仟種之後，面對著當今圖書界媚俗的追逐、淺碟化的內容以及碎片化的資訊圖景當中，我們思索著：邁向百年的未來歷程裡，我們能為知識界、文化學術界做些什麼？在速食文化的生態下，有什麼值得讓人雋永品味的？

歷代經典・當今名著，經過時間的洗禮，千錘百鍊，流傳至今，光芒耀人；不僅使我們能領悟前人的智慧，同時也增深加廣我們思考的深度與視野。十九世紀唯意志論開創者叔本華，在其〈論閱讀和書籍〉文中指出：「對任何時代所謂的暢銷書要持謹慎的態度。」他覺得讀書應該精挑細選，把時間用來閱讀那些「古今中外的偉大人物的著作」，閱讀那些「站在人類之巔的著作及享受不朽聲譽的人們的作品」。閱讀就要「讀原著」，是他的體悟。他甚至認爲，閱讀經典原著，勝過於親炙教誨。他說：

「一個人的著作是這個人的思想菁華。所以，儘管一個人具有偉大的思想能力，但閱讀這個人的著作總會比與這個人的交往獲得更多的內容。就最重要的方面而言，閱讀這些著作的確可以取代，甚至遠遠超過與這個人的近身交往。」

爲什麼？原因正在於這些著作正是他思想的完整呈現，是他所有的思考、研究和學習的結果；而與這個人的交往卻是片斷的、支離的、隨機的。何況，想與之交談，如今時空，只能徒呼負負，空留神往而已。

三十歲就當芝加哥大學校長、四十六歲榮任名譽校長的赫欽斯（Robert M. Hutchins, 1899-1977），是力倡人文教育的大師。「教育要教眞理」，是其名言，強調「經典就是人文教育最佳的方式」。他認爲：

「西方學術思想傳遞下來的永恆學識，即那些不因時代變遷而有所減損其價值的古代經典及現代名著，乃是眞正的文化菁華所在。」

這些經典在一定程度上代表西方文明發展的軌跡，故而他爲大學擬訂了從柏拉圖的《理想國》，以至愛因斯坦的《相對論》，構成著名的「大學百本經典名著課程」。成爲大學通識教育課程的典範。

歷代經典．當今名著，超越了時空，價值永恆。五南跟業界一樣，過去已偶有引進，但都未系統化的完整舖陳。我們決心投入巨資，有計畫的系統梳選，成立「經典名著文庫」，希望收入古今中外思想性的、充滿睿智與獨見的經典、名著，包括：

- 歷經千百年的時間洗禮，依然耀明的著作。遠溯二千三百年前，亞里斯多德的《尼各馬科倫理學》、柏拉圖的《理想國》，還有奧古斯丁的《懺悔錄》。
- 聲震寰宇、澤流遐裔的著作。西方哲學不用說，東方哲學中，我國的孔孟、老莊哲學，古印度毗耶娑（Vyāsa）的《薄伽梵歌》、日本鈴木大拙的《禪與心理分析》，都不缺漏。
- 成就一家之言，獨領風騷之名著。諸如伽森狄（Pierre Gassendi）與笛卡兒論戰的《對笛卡兒沉思錄的詰難》、達爾文（Darwin）的《物種起源》、米塞斯（Mises）的《人的行爲》，以至當今印度獲得諾貝爾經濟學獎阿馬蒂亞．

森（Amartya Sen）的《貧困與饑荒》，及法國當代的哲學家及漢學家余蓮（François Jullien）的《功效論》。

梳選的書目已超過七百種，初期計劃首為三百種。先從思想性的經典開始，漸次及於專業性的論著。「江山代有才人出，各領風騷數百年」，這是一項理想性的、永續性的巨大出版工程。不在意讀者的眾寡，只考慮它的學術價值，力求完整展現先哲思想的軌跡。雖然不符合商業經營模式的考量，但只要能為知識界開啓一片智慧之窗，營造一座百花綻放的世界文明公園，任君遨遊、取菁吸蜜、嘉惠學子，於願足矣！

最後，要感謝學界的支持與熱心參與。擔任「學術評議」的專家，義務的提供建言；各書「導讀」的撰寫者，不計代價地導引讀者進入堂奧；而著譯者日以繼夜，伏案疾書，更是辛苦，感謝你們。也期待熱心文化傳承的智者參與耕耘，共同經營這座「世界文明公園」。如能得到廣大讀者的共鳴與滋潤，那麼經典永恆，名著常在。就不是夢想了！

二〇一七年八月一日　於
五南圖書出版公司

導讀
「準則變換所造成的崩解」：孟德斯鳩對於羅馬衰亡的診斷

國立臺灣大學政治學系教授　陳思賢

羅馬帝國一統歐洲，功業彪炳，是後代的典範；再造另一個羅馬，也一直是日耳曼民族中若干有野心抱負之士的夢想，拿破崙、希特勒均爲其例。對中世紀以降的歐洲學者而言，研究羅馬史，究其興衰之故，往往亦成爲畢生學思職志所在。換句話說，歐洲自近代民族國家興起以來，政治上的氛圍是每個民族都要追求「國富民強、一統天下」，打造自身成爲光輝的「羅馬帝國」之日耳曼版，而歷史研究與政治思想上的氛圍則一定包括了追溯這個偉大先例的祕密。

近代學者願意投入此「政治考古學」的巨大工程而筆之成冊者，義大利的馬基維利（Niccolò Machiavelli, 1469-1527）與英國的愛德華吉朋（Edward Gibbon, 1737-1794）均屬之，後者甚至花了十六年時間才完成六大卷的《羅馬帝國衰亡史》（*The Decline and Fall of the Roman Empire*），至今膾炙人口，也成爲檢討羅馬帝國覆滅原因的最重要著作。

而我們有理由相信，這部巨著的出現，曾受到了孟德斯鳩稍早的作品《羅馬盛衰原因論》（*Considerations on the cause of the Glory of the Romans and Their Decay*, 1734）之影響。

孟德斯鳩（Charles Louis de Secondat, Baron de la Brède et de Montesquieu, 1689-1755）出生於法國的上流世家，父母親都是貴族，他不但在法國最菁英的天主教學校受教育，日後也繼承了父母雙方的爵位。這位貴族青年成長於法國社會劇烈變遷的十八世紀，但這樣的動盪環境卻也提供他日後深入思考政治、社會、歷史與文化的機會。然而他最先展現給世人的，卻是在文學方面的才華。三十歲出頭時，他發表《波斯人信札》（*Lettres Persanes*），透過生花妙筆，他道出了對於法國與歐洲社會現狀的深刻觀察。

至於孟德斯鳩晚年時的傳世作品《論法的精神》（清末之翻譯家嚴復譯爲《法意》）（*The Spirit of the Laws*），使他成爲國家理論與法學的極重要代表人物，所以許多人對在此之前他曾發表的一部歷史著作《羅馬盛衰原因論》，較未給予同樣比重的關注。但是這部作品的歷史意義卻不凡，它開啓了歐洲十八世紀「羅馬學」的先聲，引導時人探析羅馬在統治者、政治制度、軍事方略與公民精神等方面興起與衰退的種種原因。思考一個民族的起落，其實就是在整體地思考一切有利於國富民強的因素以及其消退的原因。這其實是從孟德斯鳩之前一個世紀的布丹（Jean Bodin, 1530-1596）之《國家論》（*Six Books about Commonwealth*）發表以來的「法國式」傳統——在一部單一著作中將政治、經濟、軍事、地緣政治與文化等熔於一爐而侃侃談之。孟德斯鳩的著作不論是《論法的精神》或是《羅馬盛衰原因論》都是這種氣味。

《羅馬盛衰原因論》全書別為二十三章，成於一七三四年。現行版本各章並未完全依時序或是主題彙整，但其內容要之可分為五大部分：羅馬興起的歷史背景與環境；興起的主要策略與原因；歷代統治者評述；衰亡的原因與東羅馬帝國。關於最後一項東羅馬帝國的部分，我們在此暫且不論。而對於第一項歷史背景，孟德斯鳩其實並未詳述，只約略指出當時在義大利半島以及羅馬周邊地域的諸多民族，可分為兩類：一是富有奢侈、閒散淫逸的民族；一是勇武好戰、剛毅堅強的民族。羅馬很快地滅掉前者，而在與後者的頻仍征戰中，羅馬不吝吸取其長處而成為更善戰的民族。總之，孟德斯鳩認為，羅馬是在缺乏強大的主要敵人、諸多小民族林立的環境中，靠著強大企圖心與不斷改善自身能力而逐漸壯大的。

至於興起的主要方略，就是本書最重要的篇幅之所在。歸納起來，孟德斯鳩把羅馬成就霸業之因素，列出了下列兩方面：政治上與軍事上。現在分述如下：

一、政治上

又可追溯出三種成功的制度，分別幫助了羅馬之壯大：

1. 共和國人民享受自由且具向心力

「羅馬的政體十分優良，其優良之處在於：這個政體自建立以來，藉助人民的精神、元老院的力量和某些官員的威望，所有濫權行為都得到了矯正。」「羅馬之所以繁榮的原因之一，是歷代國王都堪稱偉人。一大批先後執政的君主無一例外都是傑出的政治家和統帥，這在其他國家的歷史上是找不到的。」「在社會形成過程中，首領制訂了共和國的制度，隨後則是共和國的制度造就了首領。」

2. 從立國之初，羅馬就知道以凱旋慶典來激勵民心士氣

「羅馬之偉大展現在公共建築上」，羅馬的公共建築在在反映其立國精神，時刻提醒羅馬人何謂羅馬？而每當羅馬戰勝敵人後，大家就共聚一處回顧達成此榮耀之過程，有檢討也有慰勉激勵，「凱旋慶典此後成了羅馬城之所以威武偉大的主要原因」。

3. 以授予公民權吸引外族最優秀的戰士加入羅馬軍團

在帝國的刻意保護政策下，羅馬公民有資格享受極好的生活物資待遇與社會尊榮，所以這項措施的確有助於招募最好的外族戰士，前仆後繼地為羅馬效命疆場。

二、軍事上

「羅馬人自認為生來就是打仗的民族，他們把打仗視為唯一的技藝，把全部才智和心思都用來完善作戰的技藝。」羅馬能夠頻頻戰勝及不斷擴張之原因，是因為在軍事上確實展現了若干優點，其他部族不能完全同時具備，或是不易趕上。這包括：

1. 軍團士兵配備的各種進攻和防禦武器，比其他任何民族的同類武器更精良、更堅固厚重。

2.若要讓士兵攜帶比常人所能承受的更加沉重的武器，這些士兵就得個個都是超人，所以他們透過不斷鍛鍊體魄增強力量，透過訓練增加靈活性。總之，羅馬軍人都守著勤練自身體能與戰技的尚武傳統。

3.羅馬人對於戰勝的獎賞很重視，戰爭幾乎始終是一件能讓人民愉悅的事，透過合理分配戰利品，就能讓戰爭變得有利於人民。「羅馬是一個既無商業也無手工業的城市（羅馬人把商業和手工業視爲奴隸的行業，他們自己從不涉足其中），劫掠是發財致富唯一的手段。」、「羅馬人通常只會打仗，唯有打仗才是他們通向當官和獲得榮耀的道路。」

4.不斷學習敵人長處，羅馬人於是獲得了精深的軍事知識。「無論哪個民族因其天賦或制度而具有某種優點，羅馬人都取而用之；爲此他們不會忘記任何事，於是他們有了努米底亞的戰馬、克里特的弓箭、巴利阿里的弩、羅德島的船隻。」總而言之，羅馬人備戰之小心、作戰之大膽，沒有任何一個民族能與之相比。

5.戰爭後不饒恕敵人的作風使敵人聞風喪膽。而羅馬人愈是打敗仗，取勝的意念愈強，打敗過他們的人因而心驚膽戰，他們自己勢必取勝的意志則愈發堅定。「羅馬人若不戰勝敵方，絕不締結合約。」

除此以外，孟德斯鳩當然也不忘評價羅馬歷代的統治者，敘述他們對羅馬的功過。若論及羅馬衰亡原因，最關鍵的當然是對羅馬共和體制造成改變的那些政治人物，例如：馬略（Gaius Marius）、蘇拉（Lucius Cornelius Sulla）、龐培（Gnaeus Pompeius Magnus）與凱撒（Julius Caesar）等人。從孟德斯鳩的敘述語氣與篇幅來看，他一定認爲這些人對於羅馬的最終覆滅，有非常大的責任。首先，關於羅馬共和後期的執政官馬略與蘇拉間，因爭權而掀起的幾場慘烈戰爭，孟德斯鳩並不想多談，他只說這些是「令人戰慄的歷史」，「這兩位首領固然嫉妒成性、野心勃勃、殘忍嗜血，羅馬人何嘗不是個個如狂人一般？」。他們之間奪權戰爭的性質有些特別：「既是國內戰爭，又是對外戰爭」，因爲「新公民和老公民不再把對方視爲同一個共和國的成員」。蘇拉最大的罪過在於「他憑藉武力進入羅馬城，慫恿他的將領們破壞這座自由的庇護所」。「他把公民的土地分給士兵，從而養成了後者無止境的貪婪」，從那時開始，「軍人無時無刻不覬覦著將同胞的財富據爲己有的時機。」蘇拉又開創放逐制度，於是引發派系傾軋，把對手趕出國門外，「從那時起，誰也不再把自己與共和國連在一起了。」

對於龐培與凱撒，他認爲這兩個「有極大野心的人」，就是搞垮共和國的最後一股力道，差別只是在於凱撒憑藉武力奪取最高權力，而龐培卻要藉助民衆的選票取得獨裁權，「他不願意篡奪權力，而是要人民把權力拱手交給他。」出人意料地，孟德斯鳩指出，在凱撒與龐培間「這場長期持續的內戰中，羅馬的實力不斷增長。」原因乃是：內戰會使「貴族、市民、工匠、農夫等所有人都成爲士兵」，全國的人都動員起來變成邁向沙場的戰士，「而才能出衆的人在混亂中嶄露頭角，人人各得其所」，所以一些大人物往往在內戰中脫穎而出。反之，「在和平時期，每個人的位置都是被別人安排的，而且總是安排得不合適。」

在本書中，孟德斯鳩不厭其煩地舉例說明，一個內戰之後的國家，乃是對他國構成威脅最甚者：

除了羅馬人，法國人也提供了同樣的實例。法國在以下這些時期最讓他國懼怕：勃艮第家族和奧爾良家族紛爭之後、公益聯盟騷亂之後、路易十三和路易十四因幼年繼位引發的內戰之後。英國最受他國尊重則是在長期國會引發的內戰之後克倫威爾掌權時期；德國人乃在內戰後才擁有對鄂圖曼帝國的優勢；繼位戰爭之後的腓力五世執政期間，西班牙在西西里展示的實力令歐洲大爲震驚。

我們今天看到的則是波斯在內戰中浴火重生，而且令鄂圖曼帝國受羞辱。

內戰勝利讓凱撒獲得權位，大展宏圖，也讓共和國終於毀滅。但是當凱撒被刺殺後，「共和國根本無法死而復生，於是出現了前所未有的情景：暴君沒有了、自由也沒有了；導致共和國傾覆的那些原因依然存在。」大權在握的統治者，大皇帝奧古斯都（這是諂媚者送給屋大維的尊稱）確立了秩序，即「持久的奴役制度」，「因爲，在一個最高權力剛剛被奪的自由國家裡，凡是能夠確立唯一統治者之無限權力的一切，都被稱作「規則」，凡是能夠保證臣民享有眞正自由的任何行爲，都被稱作騷亂、傾軋和惡政。」所以孟德斯鳩結論道，奧古斯都這位狡詐的暴君，「以柔和的手腕把羅馬人引向奴役」。於是乎，共和時期的首要大事是不停地打仗，帝國時期的要務則是維持龐大國境內「絕對的秩序」。羅馬人在帝國之下逐漸失去了自由與生命的尊嚴，共和時期的美好終於潰散殆盡：

河流無聲無息地緩緩沖刷用以防止河水氾濫的護堤，終於在一瞬間把它衝垮，把它所保護的田野淹沒；與此相似，最高權力在奧古斯都主政時期悄無聲息地逐漸確立，到了提比略主政時猛然顛覆一切。

從這段敘述看得出來，顯然孟德斯鳩是非常感慨於此際羅馬共和精神與自由的淪喪，這種下了日後帝國江河日下的根本原因。他有一段敘述羅馬社會因失去自由與美德而解體的文字，著實使人印象深刻：

羅馬有一種名爲尊嚴法的法律，用於處置攻擊羅馬人民的罪行。提比略看準此法並加以利用，但他不是按照制訂此法的初衷來實行，而是用來對付他所仇視或不信任的人。他實行此法時所針對的不限於行動，而是還包括口頭言語、肢體語言和思想，因爲兩個朋友相互傾訴時所說的話，是只能被視爲思想的。這樣一來，筵席上不再有自由，親屬之間不再有信任，奴隸不再有忠誠；君主的虛假情意和言不由衷在人民群眾中廣爲傳播，友誼被視爲暗礁，坦誠被視爲冒失，美德被視爲矯揉造作，這就令人想起往昔的幸福時光。

對於羅馬最終崩解的原因，孟德斯鳩提出了一種類似「由內向外」敗壞的解釋模型。他認爲，如上所述，羅馬先是自身政治頻頻出了問題，於是造成德行盡失、人心潰散與社會的不公義蔓延，這些都導致了帝國的孱弱。羅馬一旦變衰弱，皇帝就對周遭以入侵相威脅的民族怯弱，試圖以金錢進行安撫。「但是爲換取和平而花的錢會變成貢賦，起初是自願交付，後來就變爲被迫交付，且被敵人視爲一種既得權益。」因此羅馬帝國在亞細亞和歐洲的周邊民族，一點一點地耗盡了羅馬人的財富。當初各國國王送來的黃金和白銀使羅馬帝國變得強大，「如今由於黃金和白銀流向其他國家，羅馬帝國變得愈來愈虛弱了。」

再者，由於帝國的若干皇帝過度優寵放縱軍人，軍人們又貪得無厭，於是軍隊日益成爲國家的負擔。在無力支付軍餉的情況下，就得設法維持一支花費較少的軍隊，於是羅馬與一些蠻族簽署協定，將其納入成爲輔助部隊。早期羅馬人絕對不讓軍隊中此類輔助部隊多於羅馬人自己的部隊。但是到了後期，「就連羅馬人自己的部隊中，也有大量的蠻族士兵。其後果就可以想見了……」

孟德斯鳩對於羅馬衰亡原因的結論，可說是開啓了後世「羅馬學」對此一問題的定調。他認爲，羅馬成也由於自身，敗也由於自身，「支配世界的其實不是命運，羅馬人可以爲此提供證明。」孟德斯鳩找到的羅馬成功之原因已如前述，而對於敗亡的諸多原因（即上述的「由內向外」解釋模型），他使用了一個極爲特殊的觀點來貫穿它們：羅馬亡於「準則的變換」。

簡而言之，這就是羅馬人的歷史。他們以自己的準則征服了各族人民，然而，當他們征服了各族人民後，共和政體卻無法延續下去了，於是只得改變政體，新政體所應用的新準則與老準則截然相反，羅馬的偉大於是毀於一旦。

「當羅馬人採用某一種辦法治國時，羅馬持續不斷地繁榮富強，當他們採用另一種辦法治國時，挫折接連不斷。」所謂的好辦法，就是「共和」；而「另一種辦法」，顯然就是「擴張的帝國」。在這裡，我們彷彿得到了政治理論上最精要的一個教訓：良好的「共和」，會帶來自由、國富與民強。而強大的結果就是擴張，擴張自然就變成帝國。我們無法期望「帝國」與「共和」並存，因爲二者的治理完全施用不同的「準則」。羅馬所以富強的因素在帝國時期都不復存在了，而羅馬也著實無任何經驗要如何好好地、長久地「支撐」起一個大型帝國。所以孟德斯鳩用了最簡單的話來表達這樣的一個道理：羅馬亡於「準則」間的變換與矛盾。

我們有一句古話，「富不過三代」。環境產生準則，新環境造出新準則，新準則如果對於新環境的控管能力不似舊準則（對舊環境）般有效，則這個環境的變化本身就會帶來事先難以想像、事後難以應付的壓力，它可能是危機而不是福祉！將近兩千年前，羅馬興起與覆滅的戲劇性歷史，應驗了「福兮禍所伏」的警語。

譯者附言

《羅馬盛衰原因論》被公認爲孟德斯鳩的三大名著之一，自一七三四年問世以來，一直受到世界各國學者高度評價。商務印書館早在一九六二年就出版了婉玲翻譯的中譯本，迄今尚無第二個中譯本。

此次新譯《羅馬盛衰原因論》，所據底本爲法國伽里瑪出版社的七星叢書（Bibliothèque de la Pléiade）一九五一年版的《孟德斯鳩全集》（*OEuvres Complètes de Montesquieu*）第二卷所載該書文本，譯本的「編註」大多採自此書。翻譯過程中參考了色伊（Le Seuil）出版社一九六四年版的《孟德斯鳩全集》（*OEuvres Complètes de Montesquieu*）所載該書文本，以及從網站下載的該書（http://nimispauci. free. fr/Montesquieu/MontesquieuSommaire. htm.）。對於從網站下載的英文版 *Considerations On the Causes of the Grandeur and Declension of the Roman Empire*，也有所參考。

有關《羅馬盛衰原因論》的資料全部來自《隨想錄》。《隨想錄》是孟德斯鳩的筆記之一，對於這部筆記的性質，他說過這樣的話：「這是一些沒有寫入我的著作中去的一些零散的思考和想法，這是一些尚未深入思考的想法，記下來以備有機會時繼續思考。我不能對這些想法全都負責。這些想法中的大多數之所以放置在這裡，是因爲我來不及思考，以後我若要使用這些想法，我將對之進行思考。」手稿共有三冊，第一冊始於一七二〇年，終於一七三四年，其間的一七二八—一七三一年間因遊歷歐洲而中斷，第二冊大致寫於一七三四—一七五四年間，第三冊從一七五四年直至孟德斯鳩離世的一七五五年。孟德斯鳩每寫一條都給予一個編號，多年積累而成的文字共二千二百六十六條。《隨想錄》一直處於手稿狀態，直至一八九九—一九〇一年方始印行出版。編者巴克豪森（Backhausen）出於方便閱讀的考慮，把原稿三冊的原有編號打亂，按內容分門別類重新編號，這樣一來，《隨想錄》就有了兩種編號，一種是原稿號，另一種是巴（克豪森）氏號。兩種編號各有千秋，此後的孟德斯鳩著作編者們根據各自的喜好和需要，分別採用其中的一種。

中譯文根據七星叢書《孟德斯鳩全集》文本譯出，該全集採用的是巴氏號。翻譯過程中參考了色伊出版社的《孟德斯鳩全集》中的相關部分，也參考了戴格拉夫（Louis Desgraves）主編的《孟德斯鳩——〈隨想錄〉和〈隨筆〉》（Montesquieu, *Pensées, le Spicilège*）一九九一年巴黎版。

下面對這份資料中每條文字開始前的各種數位略作解釋，以 137（573. I，f° 441 v°）

爲例。137是巴氏編號，573是原稿編號，羅馬數字I指《隨想錄》手稿第一冊，f°指「頁」（其實是「張」，即正反兩面都書寫的一張紙），441指手稿的頁（張）碼，v°指該頁（張）的反面，無v°者則是該頁（張）的正面。

《論羅馬人的宗教政策》（*Dissetation sur la politique des Romains dans la réligion*）採自色伊出版社的《孟德斯鳩全集》。此文被認爲是孟德斯鳩爲準備《羅馬盛衰原因論》而寫的一篇文章，一七一六年六月十八日，在波爾多科學院宣讀。他在文中重申了當時「哲學家」們的共識，即宗教只是暴君們用以奴役人民的工具而已，此文未在孟德斯鳩生前出版，遲至一七九九年方首次發表。鑒於此文所論涉及羅馬，與《羅馬盛衰原因論》的主題相關，故收作附錄，以饗讀者。

許明龍

二〇一四年四月十三日

目次*

＊本書根據法國伽里瑪出版社「七星叢書」一九五一年版《孟德斯鳩全集》第二卷譯出。

第一章　羅馬的起源——它的歷次戰爭

我們不能以當今的城市觀念來看待早期的羅馬，除非是當今克里米亞的城市。克里米亞的那些城市是爲了貯藏戰利品、鄉間的牲畜和農產品修建的。羅馬城裡一些重要地點的古名也都與城市的這種功能有關。①

倘若不把從遠處一直延伸到羅馬城裡的道路稱作街道，那麼羅馬城裡甚至沒有街道。房舍的分布雜亂無章，而且都很矮小，因爲男子都在工作或是逗留在公共場所，很少待在家裡。

但是，②羅馬之偉大展現在公共建築物上。曾經並且至今依舊令人充分領略其強盛的這些建築物，都修築於王政時期。③永恆之城那時已經開始修建。

爲了奪取公民、婦女和土地，羅慕路斯及其繼承者們幾乎一刻不停地與鄰邦作戰，帶著麥捆和畜群等戰利品返回羅馬城，全城爲之歡呼雀躍。這就是凱旋慶典的起源，而凱旋慶典此後成了羅馬城之所以威武偉大的主要原因。

羅馬因與薩賓人融合而實力大增，薩賓人與他們的先人斯巴達人④一樣，吃苦耐勞，尚

---

① 瓦羅：《拉丁語》（Varron, *De lingua latina*），第四十四卷、第五十三—五十四卷。——編註
② 此節是一七四八年版增添。——編註
③ 塔克文修建的地下水道令狄奧努西烏斯·哈里卡納斯震驚（參閱《羅馬古事記》，第三卷，第一四四頁，一五四九年版）。——羅馬的地下水道至今猶存。——孟註
④ 這是源自狄奧努西烏斯·哈里卡納斯的錯誤說法，孟德斯鳩在本書第一章中沿襲了這一錯誤。——編註

武好鬥。羅馬人一直使用阿戈斯小盾，羅慕路斯改而採用薩賓人的大盾。⑤值得注意的是，羅馬人之所以能稱霸世界，很重要的一個原因是，他們在與一個又一個對手作戰中，總是樂於取對方之長補己方之短。

義大利各個共和國當時都認爲，⑥它們與某位國王締結的條約，當他的繼位者登基後，便不再具有約束力，這是萬民法賦予它們的權利。⑦因此，原先屬於羅馬國王管轄的事務便不再受到約束，戰爭於是接連不斷。

努瑪對羅馬的治理長久且太平，致使羅馬的國力長期處於平平狀態。那時的羅馬倘若擁有較大的領土和較強的實力，此後的命運也就不會如此多舛。

羅馬之所以繁榮的原因之一⑧是歷代國王都堪稱偉人。一大批先後執政的君主無一例外都是傑出的政治家和統帥，這在其他國家的歷史上是找不到的。

在社會形成過程中，首領制定了共和國的制度，隨後則是共和國的制度造就了首領。

---

⑤ 普魯塔克：《羅慕路斯傳》（*Vie de Romulus*）。——孟註

⑥ 此節是一七四八年版增添。——編註

⑦ 羅馬歷史上的諸王均如此。——孟註

⑧ 此節和以下兩節是一七四八年版增添。——編註

塔克文戴上王冠既非元老院也非人民選舉的結果。⑨王權於是變爲世襲，世襲的王權變成絕對權力。王權在這兩次巨變之後，緊接著又發生了第三次巨變。

塔克文的兒子塞克斯圖斯姦汙了盧克蕾提婭，此類事情幾乎總是以暴君被逐出他們所統治的城市而告終，因爲在此類事件中，人民感到自己處於被奴役狀態，因而採取極端行動。對於新徵的稅賦，人民比較能夠容忍，其實他們並不知道從他們身上拿走的這筆錢是否會給他們帶來某些好處；但是，他們受到侮辱時不但感受到的只有不幸，而且會聯想到其他一切可能的厄運。

不過，革命其實已經到來，盧克蕾提婭之死只不過是個誘因。因爲，一個氣概豪邁、雄心勃勃、大膽勇敢，但是封閉在城裡的民族，遲早會掙斷枷鎖，否則就只能改變自己的秉性。

羅馬只能二者擇其一：或是改變政制，或是繼續保持貧窮小王國的現狀。

當年羅馬曾經發生的事情，在近代史上也有實例，此事確實值得關注。因爲，無論什麼時代，人的感情始終相同。引發重大變革的機遇不同，原因卻始終相同。

英國國王亨利七世爲擴大下議院的權力而貶斥上議院，古代的塞爾維烏斯·圖利烏斯也

---

⑨ 王位空缺期間，元老院指定一位官員負責新王的選舉。元老院選出的新王必須獲得人民同意。參閱狄奧努西烏斯·哈里卡納斯：《羅馬古事記》，第二、三和四章。——孟註

曾為擴大人民的權力而削弱元老院。⑩但是，勇氣倍增的人民，既推翻了圖利烏斯，也推翻了亨利七世。

塔克文的形象從未得到好評；凡是譴責暴政的演說家都沒有忘記提及塔克文。但是，他在預感到災禍時採取的應對措施、他對被他征服的各族人民的寬和態度、他對士兵的寬厚、他為讓衆人服膺於他而使用的手腕、他修建的那些公共建築、他在戰爭中顯現的勇氣、他在厄運面前表現出的堅忍不拔、他在既無王國又無財富的條件下親歷親為或驅使羅馬人進行的那場長達二十年的戰爭、他那一個又一個的計策，所有這一切都告訴我們，他是一位不可小覷的人物。

對塔克文和對其他人物一樣，後人的評價難免不受成敗的影響。任何一位君主若是敗在某個對手手下，而這個對手後來若是成為霸主，或是力圖詆毀這位君主留存至今的好名聲，那麼，這位君主的聲譽肯定會受到重創。

羅馬驅逐了國王之後，建立了一年一任的執政官制度，這種政制把羅馬的實力提升到了一個新的高度。每位君主在一生中都曾雄心勃勃，但隨之而來的則是其他欲望乃至懶散和貪圖安逸。然而，共和國的首腦每年更換，他們總是力圖在任上政績卓著，藉以獲得新的任期，所以他們無時無刻不在展現自己的雄心，鼓動元老院向人民提出進行戰爭的建議，不斷

⑩ 參閱佐納拉斯的《羅馬史》和狄奧努西烏斯·哈里卡納斯的《羅馬古事記》，第四章。——孟註

地向元老院指明新的敵人。

元老院本身也很願意進行戰爭，因爲它疲於應對人民不斷提出的申訴和請求，所以試圖轉移人民的怨氣，讓他們關注外患。⑪

戰爭幾乎始終是一件能讓人民愉悅的事，透過合理分配戰利品，就能讓戰爭變得有利於人民。

羅馬是一座既無商業也無手工業的城市，劫掠是發財致富的唯一手段。於是對劫掠行爲規定了紀律，人們有序地遵照執行，就像當今小韃靼人那樣。

戰利品集中起來⑫分給官兵。由於開拔之前人人發誓絕不私拿戰利品，所以任何東西都不會丟失。羅馬人是世界上對誓約最虔誠的民族，誓約始終是他們維護軍紀的保障。

留在羅馬城裡的公民也能享受勝利果實，戰敗者的部分土地被沒收並分成兩份，一份出售，其所得歸公共機構，另一份分給貧窮公民，分得土地者須向共和國繳納年租。

只有征戰和勝利方能賦予執政官以凱旋慶典的榮耀，所以他們對戰爭極度狂熱，勇往直前，然而，決定勝負的是實力。因此，羅馬永遠在打仗，而且始終相當激烈。從治國原理來

---

⑪ 何況元老院的外事權大於內務權。——孟註（此註是一七四八年版增添。——編註）

⑫ 參閱波利比烏斯，第五章。——孟註

說，一個始終處於戰爭之中的民族，⑬肯定只有兩個結果：若非自取滅亡，就得戰勝所有其他民族，那些時而打仗時而和平的民族，從來既不善於進攻，也沒有做好防禦的準備。

羅馬人於是獲得了精深的軍事知識。短暫戰役中的戰例大多被置之度外，和平帶來了另外一些想法，不但忘掉了犯過的錯誤，就連自己的長處也不記得了。

連綿不絕的戰爭帶來的另一個後果是，羅馬人若不戰勝敵方，絕不締結和約。確實，何必與一個民族簽訂恥辱的和約，回過頭卻與另一個民族開戰呢？在這種想法的驅使下，羅馬人愈是打敗仗，取勝的欲念愈強，打敗過他們的人因此而心驚膽戰，他們自己誓必取勝的意志則愈發堅定。

由於始終面臨著殘酷的報復，堅忍不拔和一往無前成爲羅馬人不可或缺的素質，這些素質與對自己和家庭以及祖國的熱愛難以區分，與人對一切值得珍惜的事物的熱愛無法分離。⑭

⑬ 在一七三四年版中，此註為：「羅馬人把外邦人視為敵人。瓦羅在《拉丁語》第四卷中寫道：'Hostis'一詞最初的含義就是生活在各自法律下的外邦人」。此註在一七四八年版中被刪除。——編註

⑭ 在一七三四年版中，此註為：

「我們今天在美洲見到的事情曾經發生在義大利：貧弱而分散的原住民把土地出讓給新來的人之後，義大利就有了三個不同的民族，他們是托斯卡尼人、高盧人和希臘人。高盧人與希臘人和托斯卡尼人都沒有任何聯繫。托斯卡尼人組成的群體擁有自己獨特的語言和習俗；希臘殖民地由原先經常相互敵對的人群組合而成，因而各自利益

義大利人不懂得使用任何圍城器械，⑮再則，由於士兵不領餉，他們很難長時間停留在一個地方，所以他們很少進行決戰。打仗是爲了占領敵方的營地或土地，戰鬥停息後，勝敗雙方返回各自的城市。義大利人之所以竭力抵抗，羅馬人之所以固執地要制服義大利人，原因即在於此；羅馬人屢屢取勝卻不會腐敗，而且始終身處貧困之中，原因也在於此。

如果他們很快就征服了鄰邦，那麼當皮洛士、高盧人和漢尼拔來到時，他們或許已經衰敗了；如同世界上幾乎所有國家都難以避免的那樣，他們或許已經快速地由窮變富，因富而腐敗。

可是，自強不息卻障礙重重的羅馬，雖然令人感受到了其實力，卻無法將其擴展；羅馬

不同。

那時的世界與現今世界不同：旅行、征戰、商貿、某些大國的建立、郵驛、羅盤和印刷術的發明以及某種總體管理的出現，都為交流提供了方便，並在我們之間建立了一種被稱之為政治的技藝。人人都能瞥見在宇宙中運動的東西：一個民族若是露出一絲野心，其他民族都會擔驚受怕。」

此註所在頁的底部對「托斯卡尼人」作了註解（孟德斯鳩筆下的托斯卡尼人是指伊特魯里亞人），他寫道：「不很清楚他們是當地人抑或來自他處，狄奧努西烏斯．哈里卡納斯認為他們的原籍是義大利。」此註在一七三四年版中被刪除。——編註

⑮ 狄奧努西烏斯．哈里卡納斯在《羅馬古事記》第十一章中對此有明確的記述，史實也表明了此事。義大利人不懂得製作掩護攻城部隊的廊橋，他們試圖用雲梯登上城牆。埃弗盧斯寫道，工程專家阿提蒙發明了大型攻城器械。普魯塔克說，伯里克利在圍攻薩莫斯時首次使用這種器械。見《伯里克利傳》（*Vie de Périclès*）。——孟註

的地盤不大，但是它所體現的品德卻影響了整個世界的命運。

義大利人並非全都好戰，托斯卡尼人⑯因富有和奢侈而變得柔弱，塔林頓人和卡普阿人、坎帕尼亞和大希臘地區的所有城市都在閒散和淫逸中日趨萎靡。拉丁人、赫爾尼奇人、埃魁人以及沃爾斯克人都酷愛戰爭，他們都居住在羅馬四周，對羅馬進行難以想像的抵抗，從而把他們的頑強精神傳授給羅馬人。

拉丁城市都是阿爾巴國王拉丁努斯·希爾維烏斯建立的殖民地，⑰這些城市不但與羅馬人有共同的淵源，禮儀也相同。在塞爾維烏斯·圖利烏斯的推動下，⑱他們在羅馬修建了一座神廟，⑲作爲兩個民族的聯合中心。拉丁人在勒吉魯斯湖戰役中戰敗之後，只得與羅馬人結盟，聯手作戰。⑳

我們可以清晰地看到，在十大執政官掌權的短暫暴政時期，羅馬的強大在很大程度上是

---

⑯ 上註已經說明，托斯卡尼人就是伊特魯里亞人。這句話是一七四八年版增添。——編註

⑰ 題為《羅馬人的起源》（*Origo gentis romanae*）這部書就是這樣說的，據說此書的作者是奧勒里烏斯·維克托（Aurélius Victor）。——孟註

⑱ 參閱狄奧努西烏斯·哈里卡納斯，第四章。——孟註

⑲ 此處指羅馬城內七座山丘之一的阿梵蒂諾山上的狄安娜神廟。——編註

⑳ 參閱狄奧努西烏斯·哈里卡納斯書中（第六章）拉丁人與羅馬人簽訂的條約之一。——孟註

倚仗它的自由而實現的，國家像是失去了用以驅動身軀的靈魂。㉑

城裡只有兩類人，一類是受奴役的人，另一類是為了一己私利而力圖奴役全城的人。元老們猶如離開一個外邦城市一樣棄羅馬而去，鄰邦人在任何地方都沒有遭遇抵抗。

元老院有能力支付軍餉，於是包圍韋伊城，圍城長達十年之久。羅馬人有了新技藝和新的作戰方法。他們取得了極其輝煌的勝利，因而從勝利中獲利更多。他們於是進行更大規模的征伐，派出更多的人去建立殖民地；總之，攻克韋伊堪稱一場革命性的變革。

不過，羅馬人的付出一點也不少。他們雖然給了托斯卡尼人、埃魁人和沃爾斯克人沉重的打擊，但是，他們的盟友，即擁有同樣武器和同樣軍紀的拉丁人和赫爾尼奇人卻離羅馬人而去，托斯卡尼人內部結成了若干聯盟，義大利人中最好戰的薩莫內人則向羅馬人展開猛烈攻擊。

自從開始給士兵發餉之後，元老院不再把戰敗者的土地分配給自己的士兵，改而把另一些條件強加給戰敗者，比如，強迫他們在一段時間中為軍隊提供餉金，㉒供應小麥和服裝。㉓

㉑ 十大執政官以制定書面法為藉口控制政府。參閱狄奧努西烏斯·哈里卡納斯，第十一章。——孟註

㉒ 參閱訂立的條約。——孟註

㉓ 此節是一七四八年版增添。——編註

高盧人攻占了羅馬，但絲毫沒有削弱羅馬的實力，羅馬的軍隊與其說戰敗，毋寧說被驅散，幾乎完好無損地全部撤到韋伊去了。民衆逃到鄰近城市，羅馬城的大火燒掉的只是牧人的若干小屋。

第二章　羅馬人的戰術

羅馬人①自認爲生來就是打仗的民族，他們把打仗視爲唯一的技藝，把全部才智和心思都用來完善作戰的技藝。韋格蒂烏斯說，②羅馬人組成軍團或許是受了神的啓示。

他們認爲爲軍團士兵配備的各種進攻和防禦武器，必須比其他任何民族的同類武器更精良、更重。③

可是，戰爭中有許多事要做，而有些事是重裝兵無法完成的，所以，羅馬軍團中有一支輕裝部隊，可以脫離軍團進行戰鬥，也可以在必要時回歸軍團，此外還有一支騎兵隊和射手隊，用於追擊逃敵，勝利地結束戰鬥。軍團還隨身攜帶各種作戰器械，以便如韋格蒂烏斯④所說，每當軍團駐守某地時，都把駐地布置成戰場的模樣。

要讓士兵攜帶比常人所能承受的更加沉重的武器，這些士兵就得個個都是超人，所以他們透過不斷鍛鍊增強力量，透過訓練提高靈活性，所謂靈活性其實就是正確合理地支配自己

---

① 此章大量使用、概述和翻譯了韋格蒂烏斯的《兵法簡述》（Végèce, *De re militari*）和弗龍蒂烏斯的《謀略》（Frontin, *Stratagematibus*）兩部著作。——編註

② 第二卷，第一章。——孟註（此註有誤，應為第二卷，第二十一章。——編註）

③ 參閱波利比烏斯和約瑟夫斯的《猶太戰爭》，第三卷，兩部書均談及羅馬士兵的武器。約瑟夫斯說，馱著行李的馬匹與羅馬士兵沒有多大差別。西塞羅說：「他們背負半個多月的糧食、所有其他必需品以及用於防禦的器材，至於武器，沒有別的東西比他們自己的雙手更礙事了。」《圖斯庫勒論辯》，第二卷，第十五章。——孟註

④ 第二卷，第二十五章。——孟註

的力量。

我們看到，當今的許多士兵往往死於勞累過度，⑤而當年的羅馬士兵卻是憑藉高度勞累才得以保存自己的。我覺得，原因在於羅馬士兵常年不息地勞累，而現今的士兵則是一陣極度勞累之後，緊接著一陣極度閒暇，這種狀況最容易造成死亡。

在這裡應該說一說書籍中記載的羅馬士兵的訓練情況。⑥他們被要求習慣於以行軍速度走路，也就是五個小時走二十乃至二十四里。⑦以行軍速度走路時要負重六十磅。他們要養成全副武裝奔跑和跳躍的習慣，訓練時要帶著劍、投槍和弓箭，弓箭的重量比常見的重一倍，這些訓練都是連續不斷地進行的。⑧

軍事訓練不光在軍營進行，城裡有一個供公民訓練的地方（校場）。結束訓練後，他們便跳進台伯河，一則爲了養成游泳的習慣，一則可以洗掉身上的塵土和汗水。⑨

---

⑤ 尤以挖溝挖坑等最為勞累。——孟註（路易十四下令士兵修建凡爾賽旱橋，不料瘟疫襲來，據說病死者多達萬人。——編註）

⑥ 參閱韋格蒂烏斯，第一卷。參閱李維，第二十六卷，迦太基戰爭後「非洲人」西庇阿讓他的士兵進行訓練，馬略雖然年邁，卻依然每天親臨練兵場。龐培五十八歲時依然全副武裝，與年輕人並肩作戰，在飛速馳騁的馬背上投擲投槍。（普魯塔克：《馬略和龐培傳》）——孟註

⑦ 一羅馬里約等於一千四百七十八公尺。——編註

⑧ 參閱韋格蒂烏斯，第一卷。——孟註

⑨ 同上註。

我們⑩如今對於肢體活動的認識已經不大正確了，在我們看來，肢體活動過度者令人鄙視，因爲這種活動只是娛樂而沒有別的目的，而對於古人來說，就連跳舞也是軍事技藝的一部分。

我們之中甚至有人認爲，戰爭中使用武器的技巧若是過分高超，反而會被認爲滑稽可笑，因爲自從引進單兵對壘的習慣以來，劍術已經被視爲是鬥毆者和膽小鬼的技巧。

有人批評荷馬說，他筆下的英雄總是既有力量又有技巧，或是肢體特別靈巧，⑪說這種話的人應該覺得薩魯斯特滑稽可笑，因爲他誇耀龐培與他的同時代人一樣能跑、能跳、能負重。⑫

每當羅馬人發覺自己處於險境，或是想要彌補某個過失時，總是加倍努力強化軍紀。⑬他們不是要與同樣驍勇的拉丁人作戰嗎？曼利烏斯⑭想到的是提高增強指揮者的威嚴，於是把擅自出擊並取得勝利的兒子處死。他們不是在努曼西亞之戰中失利了嗎？西庇阿·埃米里

---

⑩ 在一七三四年版中，此節和下面兩節均在第十五章。——編註

⑪ 此處指拉莫特的《論荷馬》（La Motte, *Discours sur Homène*）。——編註

⑫ 韋格蒂烏斯在第一卷，第九章中轉述的薩魯斯特的描述。——孟註

⑬ 軍事技藝既是他們國家的首要技藝，也是最後喪失的技藝。軍事技藝與羅馬共和國的關係極其緊密。（博絮埃：《論通史》，第三章，第六節。）——編註

⑭ 參閱李維，第八卷，第六章。——編註

安努斯下令沒收了士兵身上所有讓他們變得柔弱的東西。⑮羅馬軍團不是屈辱地從努米底亞的軛形門下走過嗎？梅特盧斯讓羅馬軍團重新採用古老的制度，⑯以此洗刷所受的恥辱。馬略爲擊敗辛布里人和條頓人而著手爲河流改道；⑰蘇拉的士兵在與米特拉達梯對陣的戰爭中嚇得膽戰心驚，蘇拉的調教獲得巨大成功，以至於士兵們要求以戰鬥來結束他們的痛苦。⑱

普布里烏斯·納西卡在並無實際需求的情況下，下令士兵們組建船隊，因爲他對懶散的憂慮甚於對敵人的畏懼。

羅馬人對於犯了錯誤的士兵習慣於以放血作爲懲罰，奧盧斯·格利烏斯⑲對此所作的解釋難以令人信服；其實，士兵的主要素質既然是力量，那麼，讓一個士兵變得孱弱，也就是對他的貶損。⑳

經受如此嚴格訓練的士兵通常都很健康，羅馬士兵在各種不同的氣候條件下作戰，但是

---

⑮ 他賣掉了軍中的所有馱馬，下令每個士兵自帶一個月的糧食和七個木樁。參閱《弗洛魯斯概要》（*Sommaire de Florus*），第五十七章。——孟註

⑯ 參閱薩魯斯特：《朱古達戰爭》（Salluste, *Guerre de Jugurtha*），第四十四—四十五章。——編註

⑰ 馬略修建了從羅納河通往大海的運河。——編註

⑱ 弗龍蒂烏斯：《謀略》（Frontin, *Stratagème*），第一卷，第十一章。——孟註

⑲ 第十卷，第七章。——孟註

⑳ 此節不見於一七三四年版，出現在這個位置上的是「在當今的戰鬥中」這一節。——編註

在古代史書中看不到他們死於疾病的記述。與之相反，如今的軍隊卻幾乎不斷地在戰役中不戰自潰。

我們的軍隊中常有逃兵，因爲好男不當兵，無論哪個民族都是這樣，誰也不覺得比他人強，事實也確實如此，在這一點上，誰也不比誰強。羅馬士兵逃兵的情形極爲罕見，士兵都來自一個自豪和驕傲、確信可以主宰他人的民族，幾乎不可能自甘墮落到不想當羅馬人的地步。

羅馬軍隊人數不多，所以給養比較容易解決，軍官熟悉士兵，士兵若有過錯和違犯軍紀，比較容易發現。

訓練㉑有素，加上他們修築的道路非常好，所以他們能夠快速地進行長途轉移。㉒他們的突然襲擊令敵方喪膽，他們往往在受挫之後，趁敵方因獲勝而鬆懈之際出人意料地出現。

在當今的戰鬥中，任何單兵只有依靠群體才有信心，可是當年的羅馬士兵個個身強力壯，久經戰陣，素質遠勝敵手，始終憑著自己的本領作戰。他們具有一種很好的素質，那就是充分意識到自己的力量，也就是勇氣。

他們的隊伍始終軍紀極爲嚴明，當他們處於困境時，總是會在某處集結，敵方也總是不

㉑ 此節是一七四八年版增添。——編註

㉒ 參閱有關阿斯德魯瓦爾戰敗以及羅馬人用快速馬車進擊維里亞圖斯等情節。——孟註

戰自亂。所以我們在歷史上不斷看到，起初因敵方人數多和士氣旺，羅馬人暫時處於下風，但羅馬人總能取得最後勝利。

他們最關注的一點是審視敵方可能具有什麼優勢，然後有針對性地採取措施。他們㉓看慣了伊特魯里亞鬥士搏鬥時的血腥場面。㉔

高盧人鋒利的劍，㉕皮洛士的大象曾讓他們吃驚，但只不過一次而已。他們爲了克服騎兵的弱點，㉖使之勇往直前，無所阻擋，除了不再使用轡繩，還把輕步兵編入騎兵隊。他們見到了西班牙劍之後，就不再使用自己原來的劍。㉗他們發明了一種對付舵手的器械，波利

㉓這一句及其註腳均是一七四八年版增添。此註除有關伊特魯裡亞人的內容外，重述了本書第十七章中的一個註腳。——編註

㉔參閱大馬士革的尼古拉斯的《殘篇》，轉引自納奧克拉提斯的阿特納奧斯的《歡宴的智者》，第四章。士兵入伍之前先進行一次格鬥。參閱尤利烏斯·卡皮托里努斯：《馬克西姆斯和巴爾比努斯傳》（*Vie de Maxime et de Balbin*）。——孟註

㉕羅馬人以投槍抵擋利劍，使之失去鋒利。——孟註

㉖羅馬人的騎兵勝過義大利小部族的騎兵隊。騎兵隊由主要公民組成，公眾負責馬匹的給養。騎兵一旦下馬就變成令人膽寒的步兵，這支由騎兵變成的步兵往往是勝敗的決定因素。——孟註

㉗這是一些輕裝備的士兵，是軍團中最機靈的年輕人。一聲令下，他們立即跳上馬背，或是作為步兵參戰。見瓦萊里烏斯·馬克西姆斯，第二卷；李維，第二十六卷。——孟註

比烏斯對此作過記述。㉘總之，如同約瑟夫斯所說，㉙他們在戰爭中思索，在平時訓練。

無論哪個民族因其天賦或制度而具有某種優點，羅馬人都取而用之；爲此他們不會忘記任何事，於是他們有了努米底亞的戰馬、克里特的弓箭、巴利阿里的弩、羅德島的船隻。

總而言之，羅馬人備戰之小心，作戰之大膽，沒有任何一個民族能與之相比。

㉘在第二次布匿戰爭中，杜伊里烏斯發明了名為「烏鴉」的抓鉤，用來對付迦太基的戰船，從而把海戰變成陸戰，參閱波利比烏斯，第一卷，第二十二章。——編註

㉙《猶太戰爭》，第三卷。——孟註

第三章　羅馬人何以變得強大

當今①歐洲各族人民的作戰技藝和武器、軍紀和作戰方法，差異甚微，所以，羅馬人非凡的成就令人不解。此外，當今各國實力極不均衡，一個國家根本不可能僅憑一己之力，從神祇為它所安排的屈辱處境中走出來。

這一點值得思索，否則就可能無法理解我們所見到的各種事件，如果不能領會處境的差異，就可能誤以為史書中記述的人與我們不是同類。

長期的經驗告訴歐洲人，一個擁有百萬臣民的君主不應該維持一支萬人以上的軍隊，否則就是自取滅亡。所以，只有大國才能擁有多支軍隊。

古代共和國不在此例；當今兵民的比例為百比一，但是對於這些共和國來說，這個比例完全可以是八比一。

古代共和國的締造者們將土地平均分配，由此造就了強大的民族和井然有序的社會，也造就了一支精良的軍隊，因為人人對保衛祖國寄予同樣重大的關注。

當法律不能得到嚴格遵守時，舊貌便會重現，恰如我們今天所處的狀況。一些人貪得無厭，另一些人揮霍無度，土地於是轉到少數人手中，富人和窮人的相互需求促成了手工藝的引進。這樣一來，幾乎再也沒有公民和士兵，因為，從前用於供養士兵的土地，如今用來供養為新貴們提供奢侈生活的活工具，也就是奴隸和手工業者。國家儘管一團糟，卻還是應該

① 本章較多借用阿庇安的《內戰史》（*Des Guerres civiles*）。——編註

存續下去，可是，如果不滿足新貴們的需求，國家就會滅亡。在共和國腐敗之前，②國家的原始收入被分配給士兵即農夫，而當共和國腐敗之後，這些收入就落入富人手中，由他們分發給奴隸和手工業者，國家從中收取稅賦，用來供養士兵。

可是，這類人是不適合打仗的，他們不但怯懦，而且已經被城市裡的奢華，甚至自己的技藝所腐蝕。不但如此，他們靠自己的本領維生，沒有什麼東西可失去，也沒有什麼東西要保護，所以他們根本沒有祖國。

國王③被逐後不久進行過一次人口統計，④法萊隆的德米特里烏斯在雅典也進行過一次人口統計，⑤兩次統計的結果大致相同，羅馬的人口為四十四萬，雅典的人口為四十三・一萬。然而，進行人口統計時，羅馬正處於鼎盛時期，而雅典則已經澈底腐敗。我們發現，羅馬的成年公民占人口總數的四分之一，而雅典的這個比例則是二十分之一弱。由此可見，在這段時間中，羅馬與雅典的實力對比大體上就是四分之一比二十分之一，也就是說，羅馬是雅典的五倍。

② 此節的後半段是一七四八年版增添。——編註
③ 此節是一七四八年版增添。——編註
④ 狄奧努西烏斯・哈里卡納斯在他書中第九章第二十五節中提及的就是這次人口統計。我覺得，他在該書第六卷末尾談到的，也是在國王被逐六年後進行的這次統計。——孟註
⑤ 科特西亞斯語，見於納奧克拉提斯的阿特納奧斯：《歡宴的智者》，第四卷，第十六章。——孟註

萊庫古主政時期的斯巴達有九千公民，⑥而到了亞基斯諸王和克里昂米尼主政時期，斯巴達僅有七百公民，⑦其中擁有土地者不足百人，⑧其餘都是毫無勇氣可言的庶民。亞基斯諸王和克里昂米尼見此情景，決定重新實施相關法律，⑨斯巴達於是再度崛起，稱雄整個希臘。

平分土地使羅馬得以擺脫卑微的處境，這一點在後來羅馬腐化時體現得尤爲明顯。

拉丁人拒不承擔向羅馬派遣援軍的義務，羅馬立即在城內徵召了十個軍團，⑩此時羅馬還是個小小的共和國。李維寫道：「羅馬已經強大到全世界幾乎都容納不下了，但是，倘若現在敵人突然兵臨城下，羅馬人還能像當年那樣禦敵嗎？這確切地表明，我們根本沒有變得強大，我們所作的一切只不過是增加促使我們日益腐敗的奢華和財富而已。」

提比略．格拉古對貴族們說道：⑪「請告訴我，一個公民和一個終身奴隸，一個士兵和

---

⑥這些居住在城市中的公民的準確稱謂是「斯巴達人」。萊庫古分給他們九千份，然後分給其他居民三千份。參閱普魯塔克：《萊庫古傳》（*Vie de Lycurgue*）。——孟註

⑦在一七三四年版中，此處有「三萬人」字樣，但沒有後面這個註腳。——編註

⑧參閱普魯塔克：《亞基斯和克里昂米尼傳》（*Vie d'Agis et de Cléomène*）。——孟註

⑨同上註。

⑩李維，最初十年，第七卷。此事發生在羅馬陷落不久之後。此時的執政官是福里烏斯．卡米魯斯。——孟註

⑪阿庇安：《內戰史》（*de la Guerre civile*），第一卷。——孟註

一個對戰爭毫無用處的人，誰更値得珍惜？你們難道爲了比其他公民獲得多一點的土地，就甘心放棄征服世界的雄心壯志嗎？或是願意遭到敵人奪走你們拒絕交給我們的土地的危險嗎？」

第四章　論高盧人、皮洛士、迦太基人與羅馬人的對比及漢尼拔之戰

羅馬人①對高盧人進行過多次戰爭。羅馬人和高盧人都熱愛榮譽、不懼死亡、頑強地爭取勝利。但是他們的武器卻有差距。高盧人的盾較小，劍也不好；所以羅馬人對付高盧人恰如近數百年來西班牙人對付墨西哥人一樣。羅馬人幾乎無時無地不遇到高盧人，但是令人不解的是，高盧人始終引頸受戮，一批接一批被羅馬人消滅，卻從來不去認識和尋找慘遭不幸的原因，以便設法預防。

皮洛士發兵攻擊羅馬人時，羅馬人正處在能夠抵禦皮洛士，並從他的勝利中汲取經驗教訓的狀態之中。他們向皮洛士學到了修築工事、選擇營地以及如何對付大象的本領，從而爲更大規模的戰爭做好準備。②

皮洛士的偉大僅在於他的個人素質，③普魯塔克告訴我們說，皮洛士之所以不得不進行

---

① 孟德斯鳩撰寫本章的主要依據是阿庇安的著作，關於羅馬和迦太基的對比，他參考了波利比烏斯的著作第六卷，第五十一－五十五章。——編註

② 皮洛士戰爭讓羅馬人認識到：面對身經百戰的敵人，他們應該比過去更加勤奮、更加聰明。他們想到用大象作掩護，第一仗就打得對手亂作一團。他們避開平原，尋找有利於對付騎兵的地形展開戰鬥，而他們過去則犯了輕視騎兵的錯誤。他們發現皮洛士的隊伍軍容整齊、訓練有素，而自己卻雜亂無章，於是按照對方的樣子紮營。據聖埃夫勒蒙：《論羅馬人民在共和國不同時期中所展現的各種才能》，第六章（Saint-Evrement, *Réflexions sur les divers génies du peuple romain dans les différents temps de la république*, chapitre VI）。——編註

③ 參閱狄翁（Dion）：《羅馬史》，第一章，見《論至善與至惡》（*Extraits des vertus et des vices*）。——孟註（此註是一七四八年版增添。《論至善與至惡》是多位希臘作者的一部文集合編，與《使團摘錄》（*Extraits des*

馬其頓戰爭，是爲了維持他那支擁有八千步兵④和五百騎兵的軍隊。⑤這位死後不再被人提起的小國君主是個不停地進行征伐的冒險家，因爲他若不進行征伐，便無法生存。

皮洛士⑥的盟友塔倫托⑦今不如昔，難以與其祖先——斯巴達往日的制度相比⑧，他們原本可以與薩莫內人聯手做些大事，但是羅馬人把他們幾乎澈底摧毀了。

與羅馬相比，迦太基富得早，腐敗也早。在迦太基，公衆所能提供給個人的一切都得透過銷售，個人所提供的一切服務都由公衆付費；而在此時的羅馬，所有公職只能憑藉品德獲得，公職所能帶來的僅僅是榮譽和勞累。

君主的暴戾固然會使國家處於崩潰的邊緣，對公共利益漠不關心也會給共和國造成同樣的惡果。

對收入管理得較好是自由國家的優越性，然而如果管理得不好呢？根本沒有寵臣也是

---

ambassades）一樣，在君士坦丁七世主持下編成。——編註）

④ 一七三四年版中為：「六千步兵」。——編註

⑤《皮洛士傳》（*Vie de Pyrrhus*）。——孟註

⑥ 此節是一七四八年版增添。——編註

⑦ 塔倫托（Tarente），斯巴達流亡者，在義大利南部建立的一個重要商業城市，西元前二七二年與羅馬結盟，但接著就向漢尼拔打開門戶。西元前二〇九年被羅馬攻克，受到嚴厲懲罰。——編註

⑧ 查士丁，第二十卷。——孟註

自由國家的優越性。然而，如果情況並非如此，不是讓君主的親朋好友發財，而是讓政府官員的親朋好友統統發財，那就一切都完了。所有法律都將形同虛設，其危害甚於君主踐踏法律，因爲君主始終是國家最重要的公民，所以他最關心維護法律。

基於古老的習俗，羅馬人在一定程度上安於貧窮，所以他們的貧富差距不大，但是，在迦太基則不然，一些人的富有程度不在國王之下。

迦太基有兩派，一派要和，一派要戰，致使迦太基人既不能享有和平，也無法打仗。戰爭彙集所有羅馬人的利益，與此相反，迦太基人的利益衝突則因戰爭而更爲激烈。⑨

分裂在君主國裡比較容易彌合，因爲君主所掌控的強制權可以調停對立的派別；但是在共和國裡，分裂往往曠日持久，因爲能夠彌合分裂的那個強制權本身受到了分裂的損害。

在依法治理的羅馬，人民接受元老院對國家事務的掌管。在權力被濫用的迦太基，人民對一切事務都願意自己親爲。

迦太基憑藉富庶對貧窮的羅馬發動戰爭，不過，此舉也爲迦太基帶來負面結果；黃金和白銀日益稀少，而美德、堅忍、力量和貧窮卻永遠不會枯竭。

---

⑨ 羅馬人的一切分裂都因漢尼拔的出現而終止，而西庇阿的出現卻加劇了迦太基人的分裂。政府手中已經所剩無幾的權力因他的出現而徹底喪失，將軍、元老和權貴們在民衆眼裡更加可疑，民衆越發怒氣沖天。參閱阿庇安的著作中關於這場西庇阿戰爭的記述。——孟註

羅馬人雄心勃勃是基於傲氣，迦太基人野心勃勃則是基於貪婪。羅馬人想要發號施令，而迦太基人則想要獲得財富。迦太基人⑩一刻不停地算計收入和支出，總是屢屢開戰而並不喜歡打仗。

戰事失利、人口減少、商業凋敝、國庫耗盡、近鄰舉事，這就迫使迦太基人接受最苛刻的媾和條件。可是羅馬人從不被得失牽著鼻子走，他們只以榮譽爲念；由於他們無法想像他們可以不發號施令而存活下去，所以，除了他們強加於人的和解，無論任何企盼或恐懼，都不可能誘使或迫使他們接受和解。

在羅馬和斯巴達這樣的共和國裡，人們守法並非出於恐懼或理智，而是出於酷愛，沒有任何力量能比這樣的共和國更加強大。因爲，在這種情況下，優良政制所具有的睿智與派別所能擁有的全部力量擰成爲一股繩。

迦太基人雇用外邦人作戰，而羅馬的軍隊則只有自己人。⑪在羅馬人眼裡，戰敗者僅僅是可以用於取得未來勝利的工具，他們把所有被征服者變成士兵；他們認爲，愈是難以征服的人民，愈應該融入他們的共和國。因而我們看到，打了二十四場勝仗之後才被征服的薩莫

---

⑩ 一七三四年版中還有「以商人意識」字樣。——編註

⑪ 聖埃夫勒蒙說，迦太基以商貿立國，羅馬以刀劍立國。迦太基雇用外邦人作戰，讓本居民從事商貿；羅馬把各國公民變成本國公民，把本國公民變成士兵。——編註

內人，⑫成了羅馬人的幫手；第二次布匿戰爭之前不久，羅馬人在對抗高盧人的戰爭中，從薩莫內人和羅馬的盟友，也就是一個不比教皇國和那不勒斯王國大多少的小國中，竟然徵集了七十萬步兵和七萬騎兵。⑬

在第二次布匿戰爭正酣之時，羅馬始終保持著二十二至二十四個軍團的兵力；但據李維記述，羅馬公民總數只有三十七萬人左右。

迦太基把大部分兵力用於進攻，羅馬把大部分兵力用於防禦。前面提到，羅馬投入重兵抵禦對它實施攻擊的高盧人和漢尼拔，卻只用兩個軍團去攻擊那幾個最大的王國。正因爲如此，羅馬的兵力永不枯竭。

迦太基在當地立足不穩，不如羅馬根基牢固。羅馬在周圍擁有三十個殖民地，從而構成了一道壁壘。⑭坎尼會戰之前，沒有一個盟友背棄羅馬，這是因爲薩莫內人和其他義大利人都已經習慣於羅馬人的統治。

非洲的城市大多缺少防禦工事，無論遇到誰來攻城，便立即投降。所以，凡是在非洲登

---

⑫ 弗洛魯斯，第一章。——孟註

⑬ 參閱波利比烏斯。他在提要中寫道，他們從羅馬城和拉丁人中徵集了三十萬兵員。——孟註

⑭ 李維，第二十七章。——孟註。（博絮埃在《論通史》第三章第六節（Bossuet, *Discours sur l'Histoire universelle*, III, 6）中寫道，分布在羅馬帝國四周的這些殖民地有兩大奇效，其一，減輕了羅馬城的人口負擔，其中大多是貧窮的公民。其二，守衛重要驛站，並使外邦人逐漸熟悉羅馬人的習俗。——編註）

陸的人，諸如阿加托克利斯、雷古魯斯、西庇阿，無一不讓迦太基人陷入絕望。

迦太基人在與老西庇阿作戰期間所遭遇到的一切，都應歸咎於政府治理不良，城市居民乃至士兵都饑腸轆轆，而羅馬人此時卻樣樣都很富足。⑮

迦太基的軍隊戰敗後越發蠻橫暴戾，有時甚至把他們的將軍釘在十字架上，用以懲罰他們的怯懦。羅馬軍隊若是臨陣脫逃，執政官便讓官兵抽籤定生死，處死每十人中的一人，然後率領餘部繼續作戰。

迦太基人施行苛政，⑯嚴酷地折磨西班牙人，以至於羅馬人一到西班牙，就被奉爲解放者。迦太基人花費鉅資支持的戰爭以敗北告終，由此可見，非正義是個拙劣的管家婆，連自己的意圖都無法達成。⑰

亞歷山大城的建立使迦太基的商貿銳減。起初，外邦人因迷信而遠離埃及；而占領埃及後的波斯人，一心只想削弱自己的新臣民。不過，在希臘的歷任國王治下，埃及幾乎經營著全世界的商貿，而此時迦太基的商貿則開始衰落。

依仗商貿建立的強國只能鼎盛於一時，而在長時間中則呈現平庸狀態。這些強國崛起

---

⑮ 參閱阿庇安：《羅馬史》，第二十五章。——孟註

⑯ 參閱波利比烏斯對他們的殘暴所作的描述，尤其在第九章中，《論至善和至惡》。——孟註

⑰ 一七四八年版中為「非正義是個拙劣的管家婆，無法兌現自己的承諾」。——編註

時毫不引人矚目，因爲它們悄無聲息，不露形跡。可是，一旦到了誰也無法對它們視而不見時，人人都試圖剝奪它們的優勢，而這種優勢可以說是以始料未及的方式取得的。

迦太基的騎兵強於羅馬的騎兵，原因有二：其一，努米底亞和西班牙的馬匹優於義大利的馬匹；其二，羅馬的騎兵裝備低劣，波利比烏斯告訴我們，羅馬人的裝備在希臘戰爭中才獲得改善。⑱

在第一次布匿戰爭中，迦太基人甫一選定平原地帶展開其騎兵，雷古魯斯便一敗塗地；在第二次布匿戰爭中，漢尼拔幾次大獲全勝，則得益於努米底亞人。⑲

西庇阿征服了西班牙並與馬西尼薩結盟後，迦太基人便喪失了這個優勢，贏得札馬之役並結束此次戰爭的便是努米底亞騎兵。

迦太基人的海上經驗較多，在海戰方面也強於羅馬人。不過我覺得，迦太基人當時的這種優勢若是放在今天就更大了。

古人沒有羅盤，只能沿海岸航行，所以他們只能使用划槳的船隻，這種底平的小船，大凡可以停泊的錨地都可以用作港口。駕駛知識十分有限，操縱技術微不足道。亞里斯多德⑳

---

⑱ 波利比烏斯，第六章。——孟註

⑲ 努米底亞人的隊伍從羅馬人身邊經過後，羅馬人開始透過氣來了。——孟註

⑳ 這句話和註腳均是一七四八年版增添。——編註

曾說，㉑農夫就足以應付，沒有必要養一批水手。

當年的航海技術相當粗糙，現今的一百支槳幾乎等於那時的一千支槳。㉒槳手要驅動大船行駛相當困難，無法進行轉彎掉頭等各種必要的操作。馬克．安東尼在亞克興戰役中有過慘痛教訓，㉓他率領的船隊因笨重而無法行動，以至於遭到奧古斯都率領下的小巧船隊從各個方向發動的攻擊。

古船靠划槳前進，所以小船可以輕易地擊敗大船，那時的大船如同現今斷了檣桅的船隻，充其量是一堆無法動彈的龐然大物。

羅盤發明以後，航海術發生變化，船槳被廢棄，㉔人們遠離海岸，開始製造大船，船隻變得比較複雜，駕駛技術日益精巧。

火藥的發明帶來了始料不及的後果，海軍的強弱比以往任何時候更加取決於造船術和航海術。因爲，想要抵禦火炮的強大威力，免受優勢火力的攻擊，就得製造大型戰船，而隨著戰船愈造愈大，駕船技術必須不斷跟進。

㉑ 亞里斯多德：《政治學》，第七章，第六節。——孟註

㉒ 參閱佩羅關於古代船槳的記述。《物理論》（*Essai de physique*），第三題，動物力學（Mécanique des animaux）。——孟註（此註和下一個註均是一七四八年版增添。——編註）

㉓ 同樣情況出現在薩拉米海戰中。見普魯塔克：《提斯米托克利傳》（*Vie de Thésmitocle*）。——孟註

㉔ 既然我們放棄了相對古人所擁有的優勢，那就可以從中看到古代海軍的缺陷。——孟註

古老的小船突然間短兵相接，雙方士兵投入戰鬥；那時一支船隊上可以配置一整支軍隊。在雷古魯斯與他的同僚取勝的那場海戰中，十三萬羅馬人對抗十五萬迦太基人。㉕那時，士兵發揮著重要作用，駕船的技術人員無關緊要；而如今不同，士兵無關緊要，駕船的技術人員具有舉足輕重的作用。

這個區別顯現在執政官杜伊利烏斯取得的勝利中。羅馬人對航海一竅不通，迦太基人的一艘戰船擱淺在岸邊，羅馬人於是乘機依樣仿造，只用了三個月就訓練好水手，建造並配備好船隊。羅馬人的戰船下水後，與迦太基人的水師遭遇並把它擊潰。

如今，一位君主終其一生恐怕也難以建立起一支強大的艦隊，足以與已經稱霸海上的強國相抗衡。這可能是唯一僅憑金錢無法做到的事。如果說當今有一位君主做到了這件事，㉖那麼在他人㉗眼裡，此事值得高度讚賞，卻難以亦步亦趨地追隨。

第二次布匿戰爭聞名於世，無人不曉。漢尼拔這位非同尋常的強人，把他所面臨的衆多障礙一一排除，當我們審視此事時，眼前就出現了一幅古代最輝煌的畫卷。

㉕ 此處指西元前二五六年的埃克諾穆斯角海戰。參閱波利比烏斯，第一卷，第二十六章。——編註

㉖ 路易十四。——孟註

㉗ 西班牙和莫斯科。——孟註（西班牙的腓力五世未能重建海軍，俄國的彼得大帝新建一支海軍的願望也以落空告終。——編註）

羅馬的堅忍不拔堪稱奇蹟。經歷了提契諾河之役、特雷比亞河之役、特拉西梅諾之役以及更加慘烈的坎尼會戰以後，幾乎所有義大利人都拋棄了羅馬，羅馬卻始終拒不求和。這是因爲元老院始終不渝地奉行古老的箴言，眼前面對漢尼拔時的這種表現，恰如過去面對皮洛士時的表現，只要皮洛士留在義大利，元老院就絕不與他和解。我在狄奧努西烏斯·哈里卡納斯的書㉘中讀到，寇里奧拉努斯奉命進行和談時，元老院宣稱絕不違反古老的習慣法，只要敵人留在羅馬的領土上，羅馬人民絕不與其媾和，沃爾斯克人倘若撤走，則可同意其正當要求。

制度的力量拯救了羅馬。坎尼會戰後，羅馬婦女不准流淚，元老院拒不贖回被俘人員，並把可憐兮兮的殘餘部隊派往西西里作戰；在漢尼拔被趕出義大利之前，羅馬沒有頒發任何獎勵和軍事榮譽。

與此同時，執政官特倫提烏斯·瓦羅卻可恥地一直逃到維努斯。這個出身極其卑微的傢伙居然當上了執政官，除了羞辱貴族之外，沒有任何別的作用。但是，元老院並未因這個倒楣的勝利而高興，它十分明白，在這種情況下得到人民信任才是當務之急，於是派員前去迎接瓦羅，感謝他並未對共和國絕望。㉙

㉘《羅馬古事記》（*Antiquités romaines*），第八章。——孟註

㉙ 參閱李維，第二十二卷，第六十一章。——編註

國家的致命傷通常並不在於一次戰役中遭受的實際損失（數千人員），而是想像中的損失和精神頹喪，命運留給國家的力量會因沮喪而喪失殆盡。

有些事情被人談論，是因爲曾經有人提到這些事情。有人認爲，坎尼會戰後不去圍困羅馬，是漢尼拔的重大失誤。不錯，羅馬人起初確實驚恐萬狀，但是一個尙武民族的沮喪很快就會昇華爲勇氣，而卑劣的賤民所能感受到的，只是自己的無能爲力，所以，他們的感受與羅馬人的驚慌不可同日而語。羅馬人當時還有能力向各地派遣援軍，這就證明，漢尼拔即使圍困羅馬也不會成功。

有人還說漢尼拔犯了一個大錯，他不該把隊伍帶到卡普阿去，致使這支隊伍在那裡變得不堪一擊。不過，說這種話的人絲毫不曾意識到自己其實並未找到眞正的原因。這支軍隊的士兵在多次勝仗中發了橫財，哪裡不能找到卡普阿這樣的地方？率領著自己軍隊的亞歷山大在同樣的境遇中，採用了下屬全是雇傭軍的漢尼拔所無法採用的辦法：一把火將他自己和全體官兵的所有財富燒得一乾二淨。有人說，㉚庫里汗征伐印度㉛之後，留給每個士兵的財產只有一百盧比。㉜

㉚ 這句話是一七四八年版增添。——編註

㉛ 參閱《論法的精神》，第十章，第十七節及相關註腳。——編註

㉜ 《庫里汗的故事》（*Histoire de Thamas Kouli-Kan*），巴黎，一七四二年，第四〇二頁。——孟註

正是漢尼拔的征戰開始改變這場戰爭的命運。他不是被迦太基的官員㉝派遣到義大利去的；或是由於一派的嫉妒，或是由於另一派的過分信任，反正他得到的支援極少。當他的兵員齊整時，他擊敗了羅馬；然而，當他不得不撥出部分兵力去鎮守城市、保衛盟友、圍困要塞或是防備要塞被圍時，他就感到兵力不足，因爲大部分兵力已經被零敲碎打地消耗掉了。取得征伐的成功不難，因爲他在征伐時擁有全部兵力，想要保住戰果卻相當困難，因爲此時只剩下部分兵力了。

㉝ 這句話是一七四八年版增添。——編註

第五章　迦太基戰敗後的希臘、馬其頓、敘利亞和埃及

我猜想，①漢尼拔的名言很少，褒揚法比烏斯和馬塞魯斯而貶斥自己的話，他說得更少。我看到李維把花束拋向這些古代巨人而感到遺憾，其實我想要看到的是他像荷馬那樣，不是為他們歌功頌德，而是以生動鮮活的形象展現他們。

不過，傳說中漢尼拔說過的話至少應該合乎情理。當他的兄弟被擊敗的消息傳來時，倘若他說迦太基的毀滅早就在他的預料之中，那我就不知道，還有什麼比這種話更讓人民絕望，更讓軍隊灰心喪氣了；因為，人民把自己託付給了他，軍隊對戰後的巨額褒獎滿懷著期待。②

迦太基在西班牙、西西里和撒丁等地的軍隊均遭敗績，敵方則愈戰愈強，致使漢尼拔不得不打一場防禦戰。羅馬人於是有了把戰爭推向非洲的念頭，西庇阿在非洲登陸後節節勝利，迦太基人不得不從義大利召回漢尼拔。漢尼拔在這塊土地上一次又一次打敗羅馬人，如今卻要把它拱手交還給對方，痛苦折磨得漢尼拔不禁淚滿衣襟。③

為拯救祖國，漢尼拔做了一個偉大的政治家和統帥所能做的一切。與西庇阿媾和的嘗試失敗後，他揮兵開戰；在此次戰役中，命運似乎跟他的機智、經驗和見識開了個玩笑。迦

① 孟德斯鳩撰寫本章的主要依據是波利比烏斯的論述，波利比烏斯沒有提及之處，則參考李維。——編註
② 本章前兩節均是一七四八年版增添。——編註
③ 參閱李維，第三十卷，第二十章。——編註

太基獲得了和平，但不是與敵方媾和，而是從主子手中接受和平。迦太基被迫吞下苦果：在五十年內支付一萬塔蘭特、交出人質、交出船隻和大象，除非得到羅馬同意，否則不得與任何人開戰。不但如此，爲了讓迦太基永受屈辱，羅馬還增強了迦太基的宿敵馬西尼薩的實力。

迦太基人失勢之後，羅馬幾乎總是小戰而大勝，而在此之前卻幾乎總是大戰而小勝。

在這個時期有兩個各自分離的世界，迦太基人和羅馬人在一個世界裡對陣，另一個世界則被亞歷山大死後的爭吵攪得亂成一團，誰也不關心西方發生了什麼，④因爲，馬其頓國王腓力雖然與漢尼拔締約，卻沒有後續行動，他向迦太基人提供的支援微乎其微，從而向羅馬人表明了他那白費心思的不良意圖。

以爲可以冷眼旁觀，看著兩個大國長期進行苦戰，這種政策很糟糕，因爲，最終的勝利者會發動新的戰爭，那些只有公民的國家難以與一個全民皆兵的國家對抗。

這種局面在當時顯現得非常清楚，羅馬人剛剛征服迦太基就掉頭攻擊其他國家，他們出現在各地，試圖占領所有地方。

當時在東方能夠抵禦羅馬人的只有四個強國：希臘、馬其頓、敘利亞和埃及。讓我們看

④ 正如約瑟夫斯在他的書中指出，羅馬人打過許多大仗，希羅多德和修昔底德卻都從未談及羅馬人，此事確實令人費解。——孟註

看希臘和馬其頓的情況，因爲率先敗在羅馬人手下的就是這兩國。

希臘當時有三大民族：⑤埃托利亞人、亞該亞人和彼奧提亞人，這都是自由城市聯盟，擁有人民大會和公推官吏。埃托利亞人比較好戰，膽大魯莽、貪圖實利、食言而肥，連誓言也置之腦後，他們在陸地上的作爲猶如海盜。亞該亞人疲於對付鄰邦和不守本分的防禦者的騷擾。彼奧提亞人⑥是最不靈活的希臘人，最少參與公共事務，眼前的善惡感是他們行動的唯一指導，他們不太機靈，演說家想要煽動他們實屬不易，他們的共和國居然能維持在無政府狀態下，確實異乎尋常。⑦

斯巴達保持著強大的實力，也就是萊庫古創設的機制所造就的好戰習性。色薩利人在某種程度上已被斯巴達人所奴役。伊利里亞的幾位國王被羅馬人打得一敗塗地，阿卡耳南人和阿塔馬尼亞人先後遭受馬其頓和埃托利亞的蹂躪，既無實力又無盟友的雅典人，唯有對國王

---

⑤ 三大民族實為三大政治同盟。——譯註

⑥ 一七三四年版中的此段文字如下：「彼奧提亞人是最不靈活的希臘人，但最聰明，通常都能和睦相處，指導他們行為的唯一準則是善惡之感，他們有足夠的辨識能力，不易為演說家們所煽動，他們還善於遮掩自己的真實利益。」一七三四年版中此段無註。——編註

⑦ 官員們為了取悅大眾而讓法院不再開庭，行將就木的老人把財產交給朋友，以便用於筵宴。參閱波利比烏斯第二十卷，見於《論至善與至惡》。——孟註

的諂媚令人震驚。⑧如今走上當年德摩斯梯尼發表演說的那個講壇的人，爲的是建議通過一些最卑劣和最可恥的法令。

不過，希臘的地理位置、實力、衆多的城市和士兵、政體、習俗和法律，這一切都令人畏懼。希臘人喜歡戰爭，懂得如何打仗，如果希臘全境實現統一，它早就已經無敵於天下。大腓力、亞歷山大和安提帕特曾讓希臘大爲驚恐，但並未將它制服。馬其頓諸王放不下欲念和期盼，堅持不懈地力圖制服希臘。

馬其頓幾乎處在難以翻越的群山包圍之中，馬其頓人非常善戰，他們英勇、順從、勤奮，不知疲倦。這些優良素質應該是來自氣候條件，因爲時至今日，這些地方的居民依舊是鄂圖曼帝國最優秀的士兵。

希臘原來由於某種均勢而維持著穩定，斯巴達在一般情況下是埃托利亞人的盟友，馬其頓人則是亞該亞人的盟友，可是，羅馬人到來之後，所有均勢都被打破了。

由於馬其頓諸王無力維持一支龐大的軍隊，⑨所以任何一次小小的挫敗都會帶來嚴重後果。再則，他們很難壯大，因爲他們的意圖十分明顯，大家都睜大眼睛註視著他們的一舉一動，他們在爲盟友而進行的戰爭中所取得的勝利，對於這些盟友來說卻是需要立即設法彌補

---

⑧ 他們與希臘的其他民族沒有任何聯盟（波利比烏斯，第八卷）。——孟註

⑨ 參閱普魯塔克：《弗拉米尼烏斯傳》（*Vie de Flaminius*）。——孟註（此註是一七四八年版增添。——編註）

的禍害。

不過，馬其頓諸王通常都是很機靈的君主。他們治理下的王國不是那種始終按照最初的規矩行事的國家；馬其頓諸王持續地在各種危機和事務中獲得教益，在希臘的所有紛爭中受到牽連，所以，他們必須把各個城市的頭面人物爭取過來，讓各族人民迷戀自己，致力於分開或聚攏利益，總之，他們隨時都有可能被迫付出生命的代價。

腓力主政伊始，便以其中庸之道贏得希臘人的愛戴和信任，可是，正當他因其政策和雄心而可以成爲一個公正的君主之時，他卻突然改弦易轍，變成一個殘忍的暴君。⑩他看到了實力無限的迦太基人⑪和羅馬人，儘管相隔甚遠；他在有利於盟友的條件下結束了戰爭，與埃托利亞人取得和解。他當然會想到讓全希臘與他一致行動，以此阻止外邦人在希臘立足。可是恰恰相反，他因搞小動作而激怒了希臘，當涉及他本人的存廢問題時，他津津有味地談論徒有虛名的利益，如此拙劣的表現多達三、四次，終於在全體希臘人面前把自己搞得面目可憎，人人痛恨。

埃托利亞人最恨腓力，羅馬人趁他們滿懷憎恨或者說喪失理智之機，與之結成聯盟，並進入希臘，武裝希臘人對付腓力。

---

⑩ 參閱波利比烏斯關於腓力因不公正和殘暴而喪失民心的記述。——孟註

⑪ 一七三四年版中此處只提及羅馬人，未提及迦太基人。——編註

腓力在西諾塞法拉戰役⑫戰敗，埃托利亞人爲此次勝利作出了貢獻。失魂落魄的腓力只得簽約，與其說他與勝利者媾和，毋寧說他放棄了自己的兵力，他下令從希臘撤出全部駐軍，交出船隻，承諾在十年內支付一千塔蘭特。

波利比烏斯以其慣常的高明見解，將羅馬人和馬其頓人的布陣方法作了一番對比，馬其頓人的布陣方法是亞歷山大的所有後繼者所採用的那種。他分析了步兵方陣和團隊的優劣，認爲羅馬的布陣方法優於馬其頓人的布陣方法。依據當時實際發生的所有情況來看，他的看法是有道理的。⑬

---

⑫ 西元前一九七年。——編註

⑬ 此節在一七三四年版中是個註腳。

博絮埃在《論通史》（第三部分，第六章）中講述了這些優點和缺點，權衡利弊之後，他贊同波利比烏斯的意見。波利比烏斯的意見也得到李維和大多數戰略研究專家的認同。博絮埃是這樣說的：「馬其頓人一心想要保留腓力和亞歷山大訓練出來的軍隊的古老戰法，以為他們的步兵方陣戰無不勝，不相信有人能創造出更加堅固的戰陣。不過，波利比烏斯和此後的李維都認為，單就羅馬軍隊和馬其頓軍隊的戰鬥力而言，從長遠來看，馬其頓軍隊難以逃脫被擊敗的下場，因為，馬其頓軍隊的步兵方陣是由大量兵員組成的一個方陣，四面都很厚實，只能整體移動，而羅馬軍隊的步兵方陣則清晰地分為若干小隊，移動起來迅捷而靈活。

由此可見，羅馬人找到了或者說學會了一種布陣方法，把隊伍分成若干大小營隊，並組織後備隊，用以從兩側對陣形出現潰散的隊伍提供支援，或將之推向前進。讓馬其頓步兵方隊朝著如此布陣的隊伍進擊，當這部龐大而沉重的戰爭機器以其全部兵力壓過來時，確實令人十分恐懼。但是，正如波利比烏斯所說，它無法長時間保持其堅定和持久的天然屬性，因為，它需要合適的地點和特殊的東西，否則就感到不適，或者因其自身的活動而自行潰

羅馬人在第二次布匿戰爭中之所以處於險境，重要原因之一是漢尼拔按照羅馬的方式武裝自己的部隊。但是，希臘人既不更換武器，也不改變戰術，他們根本未曾想到要放棄此前屢屢獲勝的戰法。

擊敗腓力是羅馬人征戰全域中最重要的一步。埃托利亞人曾經幫助過羅馬人，但是爲了確保希臘，羅馬人想方設法壓低埃托利亞人的地位；此外，羅馬還下令以往屬於腓力管轄的每個城市和每個君主，從今以後施行他們自己的法律。

很顯然，這些小共和國不可能獨立自主。希臘人卻因犯傻而興高采烈，以爲既然羅馬人宣布他們自由了，他們就眞的自由了。

埃托利亞人原以爲自己是希臘的主宰，如今發現給自己招來了一個主子，頓時陷入絕望。他們遇事總是喜歡走極端，這次又打算將錯就錯，把敘利亞國王安條克請到希臘來，恰如當初他們把羅馬人請進來一樣。

敘利亞諸王在亞歷山大的諸多後繼者中最具實力，大流士的諸多國家除了埃及，幾乎全

散，何況一旦被突破後，它就不知如何重新集結；而羅馬軍隊由於分成若干小隊，因而可以利用和適應任何地點，可以任意集結和分散，魚貫前進或結成大隊都很方便，適合於化整為零或聚零為整，也適合於依據需要作各種各樣整體或局部的變化和發展。總之，它有更多的運動方式，故而，比步兵方隊具有更多的行動和力量。讓我們與波利比烏斯一同作出結論：步兵方隊必定處於下風，馬其頓必定被戰勝。」——編註

在他們的掌控之中。然而，相繼發生的一些事情大大削弱了敘利亞諸王的實力。

敘利亞帝國的創建者塞琉古在他晚年時摧毀了利西馬科斯的王國。多個省份在一片混亂之中紛紛起事，隨之出現了帕加瑪、卡帕多奇亞和比提尼亞等王國。⑭可是，這些膽怯的小國總是把老主子的屈辱視爲自己的好運。

敘利亞諸王對埃及王國的盛世光景極爲嫉妒，一心只想著征服它；由於忽略了東方，致使失去多個省份，且其他省份也不那麼服從。

敘利亞諸王最終控制著上亞細亞和下亞細亞。然而經驗顯示，每當首都和主要兵力都在下亞細亞諸省時，上亞細亞就難以保住；而當帝國的權力中心在上亞細亞時，就會爲了保住下亞細亞而導致實力有所削弱。波斯帝國和敘利亞帝國從未如帕提亞帝國那麼強大，然而帕提亞帝國卻只擁有這兩個帝國的部分省份。如果居魯士不曾征服呂底亞王國，如果塞琉古留在巴比倫，把沿海省份交給安條克人的繼承者們，那麼，波斯帝國對於希臘人以及塞琉古帝國對於羅馬人來說，就都是不可戰勝的。大自然爲各國設置了界限，用以挫敗人的野心。當羅馬人超越這個界限時，帕提亞人幾乎總讓他們慘遭敗績；⑮而帕提亞人膽敢超越這個界限

---

⑭ 塞琉古卒於二八〇年。色雷斯國王利西馬科斯卒於二八一年。帕加瑪王國於二八三年建立。卡帕多奇亞王國於三二二年建立。比提尼亞王國於二七八年建立。——編註

⑮ 我將在第十五章中闡述原因。這些原因與這兩個帝國的地理位置有關。——孟註

時，則被迫退回原處；當今的土耳其人曾越過了這些界限，但也被迫退回。⑯

敘利亞和埃及的國王在各自的國內有兩類臣民，一類是征服者，另一類是被征服者。第一類念念不忘自己的原有身分，所以很難管，他們完全不具有想要掙脫桎梏的獨立精神，倒是懷有迫不及待更換主子的期盼。

敘利亞的國王們不是亞歷山大的繼承者，而是大流士的繼承者，這個王國的最大弱點恰恰來自宮廷。亞細亞各國宮廷從未擯棄的奢靡、虛榮和柔弱之風，在敘利亞隨處可見。百姓和士兵也沾染了這種歪風邪氣，羅馬人與安條克人作戰之際，正是羅馬人盛行腐敗之時，所以，敘利亞人的歪風邪氣也傳染給了羅馬人。

成就了不少大事的安條克向羅馬人開戰之際，敘利亞就處在這種腐敗之風蔓延之時。可是，安條克甚至不具備常人處理一般事務的才智。漢尼拔試圖重啓義大利戰爭，把腓力爭取過來，或是讓他保持中立；這些事安條克一樣也不做，他帶著少量兵力出現在希臘，只想看別人打仗，自己並不打算插手。他沉溺於聲色犬馬之中，作戰失利後匆匆逃往亞細亞，比慘遭敗績更爲驚惶失措。

在這場戰爭中，腓力被羅馬人夾帶著猶如激流般急速前進，他伺候羅馬人不敢怠慢，成爲他們取勝的工具。促使腓力如此行事的原因很多：他想報復並蹂躪埃托利亞，有人答應減

⑯ 在庫里汗的進逼下被迫退回。參閱《論法的精神》第十章第十七節中的註腳。——編註

少他的貢賦並留給他若干城市，他對安條克的嫉妒以及另外一些小動機等等，但是，他只想讓身上的桎梏變得好受一些，並不敢奢望徹底掙脫。

安條克對局勢作出了嚴重誤判，竟然以爲羅馬人會讓他在亞細亞平安無事。事實是羅馬人立即尾隨而來，把他徹底擊敗。驚恐萬狀的安條克不得不簽署條約，他爲此而受到的屈辱爲歷代君主所僅見。

我不知道還有什麼比當今執政的這位君主⑰所作的決定更加氣度非凡了。他寧可葬身於王座碎片之下，也不接受一個國王不應聽取的建議。⑱他雖然因遭遇厄運而身分下降，但他高傲的靈魂不允許自己更加不堪。他深知勇氣能增強王冠的力量，倘若不知羞恥，那就永遠做不到這一點。

能打一次仗的君主隨處可見，能進行一次大戰役的國王卻十分難尋。這些國王既能利用命運，又善於等待命運的安排。他們在開戰前反復斟酌，一旦開戰便勇往直前，無所畏懼。

安條克失勢之後，除去埃及，剩下的都是小國。埃及以其地理位置、富庶、商貿、人口以及海上和陸地的實力，本應是一個不容小覷的國家。然而，埃及歷代國王個個殘忍、無

---

⑰ 路易十五。——孟註

⑱ 在一七一〇年六—七月間舉行的基爾特雷頓堡會議前後，荷蘭人要求路易十四將其孫子攆下西班牙王座。一七一二年德南大捷前夕，路易十四宣布，如果他再次戰敗，他就帶領貴族一同赴死。——編註

恥、貪婪、愚蠢和窮奢極欲，致使臣民對他們恨之入骨，他們在大多數時間裡不得不依仗羅馬人的保護，否則便王位難保。

不妨說，埃及的王位繼承有一條基本法，那就是兄弟姐妹可以相互繼承，爲了維持統治者一脈相承，兄弟姐妹可以結婚。然而，就繼承順序而言，很難想像還有比這種制度更壞的做法了。任何一點家庭糾紛都會導致國家混亂，雙方中的一方稍感委屈，立即就會煽動亞歷山大城的民衆反對另一方；爲數衆多的小民隨時都會起哄，哪位國王先煽動他們，他們就立即跟著這位國王鬧事。不但如此，昔蘭尼王國和賽普勒斯王國通常掌握在這個王族的其他君主手中，而這些君主均有權就一切事務彼此過問，所以，有多少國王就有多少王位覬覦者，執政者的王座因而始終搖搖欲墜，內部的地位不穩導致對外幾乎處於無權狀態。

埃及諸王猶如亞細亞其他國王，其實力存在於希臘的輔助兵力之中。除了自由、榮譽和光榮等精神之外，希臘士兵不斷進行各種體力鍛鍊，在一些主要城市中舉行競技比賽，優勝者在全體希臘人注視下戴上花冠，人人因而受到激勵。在那個勝負取決於手持武器者的力氣和技巧的年代，毫無疑問，受過訓練的人肯定對烏合之衆的蠻族具有極大優勢，大流士的軍隊便是明證。

爲了從國王們的手中奪走此類軍隊，讓他們悄無聲息地喪失主要兵力，羅馬人做了兩件事：第一，爲希臘的大城市逐步確立一種規矩，未經羅馬人首肯，這些城市不得與他人結盟，不得支援任何其他城市，不得向任何城市開戰；其次，羅馬人與這些國王簽訂的條約規定，國王們不得在羅馬人的盟友城市中徵兵，因此，這些國王只能擁有本民族的士兵。⑲

⑲ 他們此前已在與迦太基人簽訂的條約中規定，迦太基人不得使用他族士兵。狄翁在他的殘篇中曾提及此事。——孟註（《殘篇》第八十二卷。——編註）

第六章　羅馬人用以征服各族人民的手段

人們①在繁榮年代裡不把平常事放在心上，元老院卻一如往常地審愼行事，當軍隊讓所有的人灰心喪氣時，它讓那些心灰意冷的人振作起來。

每當戰爭結束後，元老院便審判各個民族，依據功過決定賞罰，將失敗者的部分領地撥給盟友。此事可謂一舉兩得：把那些無須擔心並可寄予厚望的國王爭取過來；削弱那些不能寄予任何希望而且令人極爲擔心的國王。

與敵人作戰要借助盟友，但是，誰若搗亂就對誰不客氣。擊敗腓力借助了埃托利亞人的支援，但是埃托利亞人後來與安條克沆瀣一氣，於是在羅德島人的支援下把安條克擊敗；羅德島人得到了豐厚的回報，但是，後來依然藉口羅德島人要求與珀爾修斯媾和，將他們狠狠羞辱一番。

每當羅馬人面對多個敵人時，總是與其中最弱的一個休戰，這個弱者爲此而慶幸，以爲這樣可以延緩自己的末日來到。

每當進行大戰時，元老院總是祕而不宣遭遇的種種凌辱，靜悄悄地等待懲罰的時刻到來。若有人前來告發，元老院寧可把全體人民視作罪人，也拒不懲治被告發者，而是把有效的報復放在未來。

---

① 本章的每一行都有羅馬史上的精準史實作為依據。參閱阿歇特（Hachtte）出版社一九〇六年第三版中的註腳和參考文獻。——編註

羅馬人給敵人製造了難以想像的痛苦，但他們並不尋求組成對付這些敵人的聯盟，因爲，大凡遠離危險的人，誰都不願意靠近危險。

因此，羅馬人很少應戰，而總是在適當的時刻，以適當的方式，向適當的敵人開戰；被他們攻擊的許多民族中，想要讓他們停手而不遭受淩辱的爲數極少。

他們習慣於以主子的口氣說話，所以，他們派遣到那些對他們的實力所知不多的國家裡去的使節，總是難免受到粗暴的對待，而這又成爲他們興師問罪的藉口。

羅馬人總想到處入侵，從未眞心實意與人媾和，所以他們簽訂的和約其實只是暫時停戰而已。他們在和約中提出的條件總是讓那些接受這些條件的國家開始走向毀滅。他們要求對方從戰略要地撤出駐軍，限制對方的陸軍人數，要求對方提供戰馬和大象，對方若是一個海上強國，他們就要求對方燒毀戰船，有時還要求對方到內陸去居住。

摧毀某個君主的軍隊後，羅馬人以支付戰爭費用爲名狂徵暴斂，搞垮對方的財政。這其實是一種新的暴政，因爲戰敗的君主被迫壓榨自己的臣民，致使失去民衆的愛戴。

羅馬人與某位君主媾和時，往往扣留他的兄弟或兒子爲人質，以此作爲任意擾亂該國的手段。被扣留的若是該國王位的第一繼承人，他們就可以此威脅王位擁有者，被扣留的若是國王的遠親，他們就利用此人來挑動該國內亂。

某個王公和某國人民若是拒不服從自己的君主，羅馬人就立即賦予羅馬人民盟友的頭銜，②使之變得神聖不可侵犯。這樣一來，無論多大的國王都無法再相信自己的臣民乃至家族的忠誠。

這種盟友頭銜雖然體現著某種從屬地位，可是卻很吃香。③因爲大家都相信，任何傷害都只能來自羅馬人，有了這個頭銜之後，傷害就有指望變得小一些；所以，爲了取得這個頭銜，無論什麼樣的服務，這些國王和百姓都時刻準備提供，無論什麼樣的屈辱，他們都準備承受。

他們的盟友有多種，有一些是憑藉特權和分享偉大來維繫的，例如拉丁人和赫爾尼奇人；有一些從一開始就是盟友，例如羅馬殖民地；有一些是因爲替羅馬做了好事，例如馬西尼薩、歐邁尼斯和阿塔羅斯。他們之所以能夠擁有自己的王國，且王國之所以得以壯大，靠的就是羅馬人的支持；還有一些盟友則是借助自願締結的條約來維繫的，此類盟友由於長期與羅馬結盟而變成了羅馬人的臣屬，埃及、比提尼亞和卡帕多奇亞的國王以及大多數希臘城市便是如此；還有一類則是因被迫簽約和脅迫而成爲盟友的，例如腓力和安條克。羅馬人絕不會與不願與之結盟的敵人媾和，也就是說，一個不願意成爲羅馬人制服另一個民族幫凶的民族，羅馬人絕不會與之結盟。

② 參閱羅馬人與猶太人訂立的條約，見於《聖經．馬加比書（上）》第八章。——孟註

③ 波利比烏斯寫道，卡帕多奇亞國王阿里阿拉特祭祀諸神，感謝賦予他羅馬人民盟友的頭銜。——孟註

每當羅馬人讓某個城市獲得自由之後，總要在那裡製造兩個派別，④一派維護本城的法律和自由，另一派主張只有羅馬人的意願才是法律，而這一派永遠實力更強，所以，所謂自由不過是虛有其表而已。

羅馬人有時以王位繼承為藉口使自己成為該國主子，他們以阿塔羅斯、尼科美德⑤和阿比安的遺囑為由進入亞細亞、比提尼亞和利比亞，埃及則因昔蘭尼國王的遺囑而被捆住手腳。

為了讓大國永遠是弱國，羅馬人不讓這些大國的君主與羅馬的盟友結盟，⑥而他們自己卻從不拒絕與這些大國的任何一個鄰國結盟；這個條件被寫進和約之後，這些大國就連一個盟友也沒有了。

此外，每當他們擊敗某個大國之後，必定在和約中寫明，該國不得因發生爭端而與羅馬的盟友（通常也就是羅馬的所有鄰國）開戰，而應由羅馬出面仲裁，這就等於剝奪了該國的軍事實力。

為了獨霸媾和的權力，羅馬人甚至剝奪盟友的這項權力，盟友之間只要發生一點小爭

---

④ 參閱波利比烏斯關於希臘城市的記述。——孟註
⑤ 菲洛帕托的兒子。——孟註
⑥ 安條克便是一例。——孟註

端，羅馬人立即派遣使節去逼迫雙方媾和。只要想一想羅馬人如何終止阿塔羅斯與普魯西阿斯的戰事，即可明白。

每當某個君主雖然取得勝利卻耗盡實力時，羅馬使節立即突然來到，從這個君主手中把勝利奪走。不妨回想一下羅馬人如何僅憑一句話就把安條克逐出埃及，⑦這種例子成千上萬。

羅馬人深知歐洲民族個個英勇善戰，於是制定一條法律，不許亞細亞的任何一個國王進入歐洲，更不許他們在歐洲征服任何一個民族。⑧羅馬人之所以向米特拉達梯開戰，就是因爲他違反這項禁令而打敗了一些蠻族。⑨

每當兩個民族對陣時，儘管雙方都不是羅馬人的盟友，與雙方都毫無糾葛，羅馬人依然不放過表現的機會，他們如同今日的流動騎士一樣站在弱者一邊。恰如狄奧努西烏斯．哈里卡納斯所說，羅馬人有一個古老的習慣，誰來求他，他就幫誰。⑩

羅馬人的這種習慣並非偶爾發生的個例，而是恆常不變的原則，以下事實充分表明了這

---

⑦ 這是一則傳說，西元前一六八年羅馬使節臣波皮里烏斯曾為安條克劃定領土範圍。——編註

⑧ 戰爭爆發之前就禁止安條克進入歐洲，此舉成為一個先例，對所有其他國王都適用。——孟註

⑨ 阿庇安：《米特拉達梯戰爭》（*de Bello mithridatico*）。——孟註

⑩ 狄奧努西烏斯．哈里卡納斯著作片斷，引自《使團摘錄》（*Extraits des ambassades*）——孟註（這是又一部古代作者的文集，同樣是在君士坦丁七世主持下編成的。——編註）

一點：羅馬人用以對付大國的指導方針，也就是當初用以對付小國的那些指導方針。

羅馬人利用歐邁尼斯和馬西尼薩制服腓力和安條克，恰如當年利用拉丁人和赫爾尼奇人制服沃爾斯克人和托斯卡尼人一樣；他們讓迦太基和亞細亞諸王交出船艦，恰如當年讓安齊奧交出船隊一樣；他們⑪切斷馬其頓四個部分的政治和民事聯繫，恰如當年切斷拉丁小城市聯盟的相互聯繫一樣。⑫

不過，羅馬人一以貫之的指導方針是分而治之。⑬亞該亞共和國原本是一個由若干自由城市組成的聯盟，元老院宣布，各個城市今後依照各自的法律治理，不再從屬於一個共同的權威。

彼奧提亞共和國的一部分原本是若干城市的一個聯盟。可是，由於在攻擊珀爾修斯之戰中，一些城市追隨珀爾修斯，另一些追隨羅馬，羅馬人於是瓦解了這個城市聯盟，寬容地接納了追隨羅馬的那些城市。⑭

⑪ 以下這句話是一七四八年版增添。——編註

⑫ 李維，第七章。——孟註

⑬ 一七三四年版中此段文字如下：「若是有一個國家因其本國狀況或與他國結盟而令人畏懼，羅馬人必定設法將其肢解。」——編註

⑭ 一七三四年版中有以下這段文字：「馬其頓四面環山，難以翻越，元老院將其一分為四，並宣布它們各自自由，禁止它們之間進行包括聯姻在內的各種聯繫，此外，羅馬人還把馬其頓的貴族遷移到義大利，從而澈底化解了這

當今某位大國君主見到鄰國國王被迫退位時，倘若也遵照上述指導方針行事，他就會竭盡全力使其保住王位，但把這位國王的權力限制在忠於他的那個小島上。⑮作爲大國君主唯一的潛在勁敵，國王的權力被如此分割後，大國君主就能從他的這位盟友——國王的不幸中獲得巨大好處。

每當⑯一個國家內部出現爭執時，羅馬人首先對情況作出判斷，並由此確定反對他們的僅僅是被他們譴責的那一派。如果爭執雙方是血親，⑰羅馬人有時就宣布雙方都是國王；⑱如果其中一個更年輕，羅馬人就宣布此人爲王，⑲而由羅馬以全世界保護者的身分擔任這位國王的監護人。羅馬人的專橫跋扈無以復加，以至於成爲他們臣民的人民和國王無須知道究竟爲什麼，因爲對於羅馬人來說，聽說過羅馬人就是成爲羅馬人臣民的理由。

羅馬人遠征前，都要先在敵方鄰近處找到一個能夠出兵支援的盟友，由於羅馬的遠征軍

支強大的力量。」——編註

⑮ 此處影射路易十四和詹姆斯二世的愛爾蘭遠征（一六八九年）。——編註

⑯ 在一七三四年版中，此節位於前三節之前。——編註

⑰ 例如卡帕多奇亞的阿里阿拉特和奧勒菲（阿庇安：《敘利亞戰爭》）。——孟註

⑱ 一七三四年版中的此處尚有一句：「藉此同時剝奪兩位國王的權力。」——編註

⑲ 為了以監護人的身分將敘利亞置於死地，他們宣布擁立安條克的兒子為王，反對冊立德米特里烏斯。安條克的兒子尚未成年，他被羅馬人扣押為人質後，懇求羅馬人為他主持公道，為此不惜稱羅馬為父，稱元老們為母。——孟註（此註是一七四八年版增添。——編註）

人數從來不多，所以他們在離敵方最近的省份配置第二支部隊，並在羅馬準備好隨時可以開拔的第三支部隊。⑳這樣，羅馬人用於作戰的就只是一小部分兵力，而敵方則爲一爭高下而幾乎投入全部兵力。㉑

他們有時還濫用詞語的細微區別。他們摧毀了迦太基，卻說他們承諾要加以保存的是城邦，而不是城市。對他們寄予信任的埃托利亞人上了他們的當，此事幾乎盡人皆知。羅馬人詭辯說，對敵人寄予信任，就意味著喪失人和物、土地和城市，乃至廟宇和墳墓。

他們甚至專橫地任意解釋條約的含義。例如，他們爲了打擊羅德島人，說什麼把呂西亞交給羅德島人時，不是作爲禮物，而是作爲朋友和盟友。

某位羅馬將領爲挽救即將被殲滅的軍隊而準備簽署和約時，元老院不予批准，卻利用媾和繼續進行戰爭。例如，朱古達將一支羅馬軍隊圍困後，出於對和約的信任放走了這支軍隊；可是，羅馬人卻派這支被朱古達拯救的軍隊去攻擊朱古達。又如，努曼西亞人成功地將兩萬羅馬士兵置於瀕臨餓死的境地，迫使羅馬人不得不求和。可是，羅馬卻撕毀了這項拯救了無數羅馬公民生命的和約，而且爲了欺騙公眾，竟然把簽署和約的那位執政官撤職了。㉒

---

⑳ 這是歷史上常見的慣常做法。——孟註

㉑ 看看他們在馬其頓戰爭中的做法就明白了。——編註

㉒ 他們對薩莫內人、盧西塔尼亞人和科西嘉島上的各族人民，都採用這種手段。關於科西嘉各族人民，參閱狄翁，

羅馬人與某個君主締結和約時所提的條件有時比較合理，可是當這位君主接受這些條件後，羅馬人卻又提出另一些令人難以接受的條件，結果導致重新開戰。比如，朱古達應羅馬人的要求交出大象、馬匹、珍寶和戰俘之後，羅馬人竟然要求朱古達把自己也交給他們；這對於朱古達來說不啻是滅頂之災，當然不可能接受這樣的媾和條件。㉓

最後，羅馬人對國王們個人的錯誤和罪過進行審判。他們讓那些與腓力有糾葛的人對他進行指控，並派員保證他們的人身安全；羅馬人還指使某些人當著他們的面指控珀爾修斯犯有謀殺罪，與羅馬的某些結盟城市的公民有齟齬。

由於評定一位將領的功勞是依據他帶回來的金銀數量，所以他絕不會給戰敗者留下任何值錢的東西。羅馬就用這種辦法致富，因而每打完一仗，就累積了打下一仗的本錢。

羅馬的朋友或盟友爲了保持或擴大羅馬人給予的照應，不惜傾其所有，向他們贈送難以

第一卷。——孟註（此註是一七四八年版增添，一七三四年版的原註如下：「當克勞狄烏斯·格里西亞斯與科西嘉人民媾和時，元老院下令繼續對科西嘉人作戰，並將格里西亞斯交給島上居民，但島上居民拒不接受。至於從軛形門下走過的故事，那是衆所周知之事。」——編註）

㉓ 他們也是這樣對維里亞托的，先是要求維里亞托交出戰俘，接著再交出武器，維里亞托和他的部下拒不接受這個要求。參閱狄翁，片斷。——孟註

計數的禮品，㉔為此而花在羅馬人身上的錢財，只需拿出一半就足以把羅馬人打敗了。㉕

羅馬人作為世界的主宰把所有財富都收歸己有，同為掠奪者，征服者的身分比立法者的身分稍稍名正言順一點。他們知道，賽普勒斯國王托勒密擁有巨額財產，他們於是依據一位保民官的建議制定了一項法律，依據此項法律，他們從一位尚未過世的人手裡獲得了繼承權，並據此沒收了一位盟國君主的財產。

公家未曾搜刮乾淨的財富都落到貪婪的私人腰包裡。法官和省督們以不公道的手法向國王們索取錢財。為了尋求一種向來都不可靠的保護，兩個競爭者爭先恐後地大把花錢，藉此對付尚未囊空如洗的對手。強盜在打劫時尚且還講道理，這些人連強盜都不如。無論正當的或不正當的權力，都只有錢財才能維護，所以，君主們為了獲得權力，恣意搜刮廟宇，沒收富有公民的財產。為了把全世界的財富都交給羅馬人，什麼罪都敢犯。

然而，羅馬從中獲益最大的，莫過於全世界對它的敬畏。羅馬首先讓國王們默不作聲，然後讓他們變得愚不可及，問題不在於他們的權力還有多大，而是他們的人身遭受了損害。冒險發動一場戰爭，那就意味著被俘、死亡以及在凱旋慶典上受辱。故而，生活在燈紅酒綠中的國王們不敢正眼審視羅馬人民。他們不再有勇氣，只能借助忍氣吞聲和低三下四，延緩

㉔ 元老院回贈各國國王的禮物都是微不足道的東西，諸如一把椅子、一根象牙棒，或是幾件官服等。——孟註

㉕ 弗洛魯斯，第三卷，第九章。——孟註

日益逼近的悲慘境遇的到來。㉖

請大家關注羅馬人的行為。安條克吃了敗仗之後，羅馬人就成了非洲、亞細亞和希臘的主人，儘管他們在那些地方幾乎沒有自己的城市。他們進行征服似乎只是為了付出。不過，他們依然是不折不扣的主人，當他們向某位君主發動戰爭時，可以說是用整個世界的重量來壓垮這位君主。

占據被征服國家的時刻尚未到來。羅馬人若是把持從腓力手中奪來的城市，就會引起希臘人的警覺；若是在第二次布匿戰爭或對安條克之戰以後攫取非洲和亞細亞的土地，他們就難以保住尚未鞏固的戰果。㉗

需要耐心等待各民族習慣於以自由人和盟友的身分服從命令，方能讓他們如同臣民一樣聽命於羅馬，並在羅馬共和國裡逐漸喪失自我。

不妨㉘看一看勒吉魯斯湖戰役後與拉丁人簽訂的條約，㉙它為羅馬人的強大打下了重要

㉖ 他們竭盡全力不讓羅馬人知道他們的實力和財富。參閱狄翁著作中的相關段落，見第一卷。——孟註（此註是一七四八年版增添。——編註）

㉗ 他們不敢在那裡展示自己的殖民地，寧可讓迦太基人和馬西尼薩相互嫉妒，以便利用雙方的支援制服馬其頓和希臘。——孟註

㉘ 此節是一七四八年版增添。——編註

㉙ 狄奧努西烏斯．哈里卡納斯曾談及此事，見第六卷，第九十五章，牛津版。——孟註

基礎，讓人懷疑羅馬人懷有稱霸之心的字眼，在條約中一個也找不到。

他們採用的是長期潛移默化的征服方式；一個民族被征服後，羅馬人只是將其削弱而已，他們強加一些條件，使之在不知不覺間銷蝕；這個民族若是再度崛起，羅馬人就施以更加沉重的打擊，於是，這個民族便逐漸變成了羅馬的臣民，卻說不清它究竟在什麼時候淪爲羅馬的臣屬。

因此嚴格地說，羅馬既非君主國，也不是共和國，而是由全世界各族人民組成的那個軀體的頭顱。㉚

倘若西班牙人當初征服墨西哥和祕魯之後也實施同樣的計畫，他們就不至於爲了保住征服成果而毀滅一切了。

征服者若想把自己的法律和習俗強加給被征服民族，那就是愚不可及、有百害而無一利。因爲，無論在何種政體下，人都是可以服從的。

不過，由於羅馬並未強制實行任何具有普遍性的法律，各民族之間沒有任何危險的聯

㉚ 博絮埃在《論通史》第三部分第六章中寫道：「看到這些民族如今都已成為實力驚人的王國時，我們不禁心有餘悸。高盧各族和西班牙各族，幾乎整個大不列顛以及直至多瑙河的伊利里亞，直至易北河的日爾曼，直至望而生畏和無法穿越的沙漠的非洲、希臘、色雷斯、敘利亞、埃及、小亞細亞的諸多王國、黑海與裏海之間的各個王國，依據我記不起來或者不想提起的那些王國，誰都知道，在過去數百年中，他們都是羅馬的行省。」——編註

繫。他們只是因爲共同聽命於羅馬而組成爲一個整體，大家都是羅馬人，卻並非同一個國家的同胞。

有人可能會反駁說，建立在采邑法基礎之上的帝國從來都是短命的，而且從未強大過。可是，世界上最矛盾的事莫過於羅馬人的計畫和蠻族的計畫。㉛若用一句話來表述，前者是強大的產物，後者是弱小的結果。在羅馬人那裡是極端的俯首貼耳，在蠻族那裡則是無拘無束。在那些被征服的日爾曼國家裡，㉜政權掌控在附庸手中，君主手中只掌握法律而已，但在羅馬人那裡，則恰好相反。

㉛ 在一七三四年版中，此處為「哥特人的計畫」。——編註

㉜ 在一七三四年版中，此處為「在哥特人國家中」，這就將哥特人和日爾曼人混為一談了。——編註

第七章 米特拉達梯何以能夠成功地抵抗羅馬人

在所有①曾經遭受羅馬人攻擊的國王中，唯有米特拉達梯進行了英勇的自衛，並將羅馬人逼入險境。

米特拉達梯的國家地理位置優越，非常適宜於作戰，它與交通極端困難的高加索接壤，那裡居住著許多可以供人驅使的凶狠好鬥的民族。高加索直接通往黑海，米特拉達梯的船隊就在黑海上巡弋，並經常前往斯基泰人那裡招募新兵，他可以殺向亞細亞而無所阻擋。他很富有，因爲他在黑海邊上的那些城市在與手工藝落後的那些國家的貿易中獲利頗豐。

此時開始成爲常態的流放迫使不少羅馬人背井離鄉。米特拉達梯熱情地收留他們，把他們招進他所組織的軍團，使之成爲最精銳的部隊。②

另一方面，受困於內憂的羅馬忙於應付眼前的麻煩，因而疏於處理亞細亞事務，任憑米特拉達梯乘勝前進或是受挫喘息。

大多數國王之所以慘遭滅頂之災，最主要的原因就是他們毫不隱諱地表示願意簽訂和約。他們期盼著擺脫困境，但這樣一來，他們就自絕於願意與他們共赴艱險的其他民族了。

---

① 孟德斯鳩撰寫本章的依據以阿庇安的著作為主，弗洛魯斯的著作為輔。——編註

② 弗龍蒂烏斯在《謀略》第二卷中寫道，米特拉達梯的驍將阿凱勞斯在與蘇拉作戰時，把側置戰車放在第一排，步兵方陣放在第二排，按羅馬方式武裝的輔助隊放在第三排。米特拉達梯甚至與塞多留結盟。參閱普魯塔克：《盧庫魯斯傳》（*Vie de Lucullus*）。——孟註

不過，米特拉達梯卻讓全世界都知道他是羅馬人的敵人，而且永遠與羅馬人爲敵。最終，希臘和亞細亞的那些城市，眼看羅馬人強加在它們身上的桎梏日益沉重，遂將信任寄託在這位號召爭取自由的蠻族國王身上。

事態的這種發展最終導致三次大戰，成爲羅馬史上蔚爲壯觀的篇章。之所以蔚爲壯觀，是因爲在這個篇章中看到的，不是安條克和提格蘭這類驕奢而傲慢的國王，也不是腓力、珀爾西亞和朱古達這類膽小如鼠的國王，而是一位胸襟寬廣的國王，他在逆境中就像一頭受傷的雄獅，越發怒氣衝天。

這三次戰爭都有些非同尋常，其間不斷發生出人意料的變故。米特拉達梯雖然能夠輕易地彌補他的軍隊所遭受的損失，他的蠻族士兵卻也在受挫時不再聽從指揮，不再遵守紀律，乃至棄他而去；他雖然善於鼓動民衆，挑動城市反叛，他的將帥和妻兒卻對他背信棄義；他的對手中雖然有一些笨拙的羅馬將領，卻也不乏蘇拉、盧庫魯斯和龐培這樣傑出的統帥。

這位君主在擊敗羅馬將領和征服亞細亞、馬其頓和希臘之後，敗在蘇拉手下，不得不簽約退回原有地盤；羅馬將領把他弄得精疲力竭，他卻再度成爲戰勝者；征服了亞細亞之後，他被盧庫魯斯趕回他自己的領土，被迫投靠提格蘭；提格蘭戰敗後山窮水盡，米特拉達梯只能自尋出路，於是逃回自己的國家去重振旗鼓。

龐培接替盧庫魯斯之後，米特拉達梯又一次厄運臨頭，他逃離自己的地盤，穿越阿拉克斯，在拉茲人的土地上經歷了一個又一個艱難險阻，一路上收集蠻族士兵，最終到了博斯普魯斯，③出現在與羅馬人締結了和約的兒子馬卡列斯面前。④墜入深淵的米特拉達梯擬訂了一個計畫，把戰爭推向義大利，他率領若干民族一路殺向羅馬，數百年後征服羅馬的正是這些民族，⑤走的也正是這條路。⑥米特拉達梯的另一個兒子法納西斯，以及被他的雄心和將要遭遇的風險嚇壞了的軍隊，把他出賣了，他以無愧於國王的氣概悲壯地死去。

龐培多次快速取得勝利，就在此時終於成就了羅馬的壯麗和偉大，他把眾多的地區併入羅馬帝國，與其說增強了羅馬的實力，毋寧說是爲羅馬雄偉和莊嚴的景象增添了光添。龐培雖然在凱旋儀式的橫幅上寫道，他把財政收入提高了三分之一，然而，羅馬的實力並未增強，公衆的自由受到更大的威脅。⑦

---

③ 指基美利亞博斯普魯斯，即刻赤海峽。其實，米特拉達梯僅到過科爾基斯以西，並未穿越阿拉克斯。——編註
④ 米特拉達梯封他為博斯普魯斯國王。聽到其父來到的消息後，馬卡列斯自殺而亡。——孟註
⑤ 孟德斯鳩此處所指是西哥特人和東哥特人，他們所占地區過去曾是在米特拉達梯的煽動下起義的薩爾馬提亞人和斯基泰人的居住地。——編註
⑥ 參閱阿庇安：《米特拉達梯之戰》（*de Bello mithridatico*）。——孟註
⑦ 參閱普魯塔克：《龐培傳》（*Vie de Pompée*）：參閱佐納拉斯的著作，第二卷。——孟註

第八章　城裡從未消失的紛爭

正當①羅馬全力以赴試圖征服全世界之時，羅馬城裡卻悄悄地進行著一場看不見的戰爭；就像火山一樣，只要有一點東西增強其沸騰程度，火焰立即猛烈噴發。

國王被驅逐之後，政權就變爲貴族政體。貴族的各大家族攫取了所有官職，②因而也就享有所有軍事和民事的榮譽。③

貴族爲了防止國王們返回羅馬，竭力加劇人民的不穩定情緒。但是，他們的所作所爲遠遠超出了這些，他們希望人民憎恨國王，從而促使人民追求自由的願望更加強烈。國王的權力全部轉到了執政官手中，但是人民④覺得並沒有得到貴族讓他們無限熱愛的那個自由，於是就試圖削減執政官的權力，想方設法設置平民官吏，讓平民也能擔任坐在象牙椅上的高官。貴族出於無奈，只得答應他們的所有要求。這是因爲在城市裡，貧窮被視爲公衆的美德，而財富作爲通向權力的祕密路徑，卻遭到蔑視，所以，出身和地位都不能帶來多大好處。所以，權力應該回到最大多數人手中，貴族政體應該逐漸變成民衆的國家。

與生活在世襲貴族政體下的人相比，生活在國王統治下的人更受羡慕和嫉妒的熬煎。君

---

① 孟德斯鳩撰寫本章的主要依據是李維的著作。——編註
② 貴族甚至具有某種神聖的性質，只有貴族可以從事占卜。參閱李維阿皮烏斯·克勞狄烏斯的演說。——孟註
③ 比如，只有貴族可以舉行凱旋慶典，因為只有他們能當執政官，能統帥軍隊。——孟註
④ 即平民。——編註

主遠離臣民，臣民根本無緣見到君主；君主高高在上，臣民難以想像他們與君主之間會有什麼不愉快的關係。然而，主政的貴族暴露在衆目睽睽之下，他們並不那樣高不可攀，無法阻止民衆進行導致憎恨貴族的對比。所以，無論過去或現在，人民都厭惡元老院的成員們。⑤在共和政體中，出身不帶來任何統治權，所以共和政體在這方面是最好的政體。人民可以授權給他們中意的人，也可以隨時收回授權，所以人民就不會忌恨權力機構。

人民對貴族不滿，退守聖山。於是派員前去疏導。人民彼此約定，貴族若不信守承諾，民衆就應相互支援。⑥若果眞如此，騷亂隨時都可能發生，官員的各種職務都難以履行，大家覺得不如創設一種官職，用以防止針對平民的不公正行爲。⑦可是，由於人性的痼疾，成爲保民官的那些平民不但用權力自衛，還用來攻擊他人，一步步取消了貴族的所有特權，於是抗議不斷。人民得到保民官的支持或者說煽動，而貴族則得到元老院的保護，因爲元老院往往由貴族組成，而貴族們更傾向於依照古老的規矩行事，他們害怕在老百姓的縱容下，保民官最終會變成暴君。

爲了進行自衛，人民運用自己的力量和選舉中的優勢，他們拒絕奔赴前線，以離開這個

---

⑤ 孟德斯鳩此處所指為數年前他曾到過的威尼斯。——編註

⑥ 佐納拉斯的著作，第二卷。——孟註

⑦ 人民保民官由此誕生。——孟註

國家作爲威脅；他們還利用法律的偏袒，揚言要對頑強地與人民作對的人進行審判。元老院用以進行自衛的手段是：智慧、公正和它所激發的對祖國的熱愛、它所做的好事和對國家財產的合理分配，人民對望族的榮耀和偉人的美德的敬重，⑧以及宗教和古老的制度；此外它還運用了如下這些手段：以預兆不吉利爲由取消人民大會的召開，利用自己的門客、保民官之間的對立，扶植一位獨裁官，⑨以戰爭和被占領將會帶來災禍，並促使所有利益沆瀣一氣相威脅；最後，元老院以父輩之尊滿足人民部分要求，使之放棄其他要求，並堅持奉行恆久不變的原則：將共和國的安全置於官員所享有的特權之上，不管其官職有多高。

---

⑧人民熱愛光榮，他們曾經在戰場上出生入死，不可能不把選票投給曾經率領他們戰鬥的偉人。他們獲得了選舉平民的權力，但是他們選的卻是貴族，他們相信一定會有一位平民執政官，這就等於把自己的雙手捆綁住了。所以，被選為官員的平民家族成員當選之後，始終表現出明顯的傾向。人民能把那些微不足道的瓦羅、馬略等人選為官員，這是他們針對自己取得的勝利。——孟註（一七三四年的此註如下：「人民十分敬重權貴家族，所以，儘管他們獲得了選舉其權力與執政官相同的平民軍事保民官的權利，但是，人民依然選舉貴族擔任此職，他們不得不捆住自己的手腳，保證始終有一位平民執政官，每當平民家族出身的人擔任公職時，這些家族就持續不斷地擔任公職；人民想要削弱貴族的勢力，但實行起來相當困難。人民能把那些微不足道的瓦羅、馬略等人扶上重要職位，應該看作是他們戰勝了自己而取得的勝利。」——編註）

⑨貴族為了自衛，習慣於扶植一位獨裁官，而且常常獲得成功。然而，平民既然能當選為執政官，自然也能當選為獨裁官，從而讓貴族目瞪口呆。參閱李維的著作第八卷中關於普布利烏斯．費羅如何在他獨裁官任內壓低貴族地位，並制定了三項對貴族損害極大的法律的記述。——孟註

此後，平民竭力壓低貴族，致使家族之間的區別變得毫無意義，⑩貴族和平民都同樣可以獲得榮譽。然而，新的爭執又產生了，一方是平民，支持這些平民的是保民官，另一方是被稱爲權貴的貴族和平民大家族，支持這些大家族的是由這些大家族的成員組成的元老院。然而，由於古老的習俗不復存在，某些人擁有巨額財富，而財富不可能不產生權力，所以，權貴們的抵抗遠比貴族更爲激烈，這正是格拉古兄弟和若干爲實現自己的計畫而努力的那些人死於非命的原因。⑪

應該說一說對維護羅馬政權作出了巨大貢獻的那個官職，也就是監察官。他們進行了人口普查，⑫再則，共和國的力量存在於紀律嚴明、風尚樸實和不懈地尊重習俗之中，因而，他們就得矯正法律不曾預見、官員無法懲處的弊端。⑬比犯罪更惡劣的事例不止一、兩件，因風尚敗壞而覆亡的國家多於因法律敗壞而覆亡的國家。在羅馬，凡是有可能將新的危險玩

⑩ 貴族為自己僅僅保留了某些職位和設立一位副王（entre-roi）的權力。——孟註
⑪ 例如薩圖尼努斯和格勞西亞斯。——孟註
⑫ 在一七三四年版中，此處有一個註腳：「公民人口普查是明智之舉，藉此可以探知公民的現狀以及他們的實力。人口普查制度的始首創者是塞爾維烏斯．圖利烏斯，歐忒洛庇在他的著作第一卷中寫道，此前全世界從無人口普查制度。」——編註
⑬ 不妨看看他們如何處置坎尼會戰後主張放棄義大利的那些人、那些向漢尼拔投降的人、那些因錯誤解讀而沒有兌現向他許下的諾言的人。——孟註

意兒（恕我斗膽使用這個詞）帶入羅馬、改變公民精神、妨礙羅馬永存的行爲，以及內部或公共領域的混亂，都被檢察官一一改造。他們可以把他們認爲不稱職的元老逐出元老院，可以從騎士手中收回由公衆餵養的馬匹，可以讓公民轉入另一部落，甚至讓他轉入在城市中只納稅但不能享受權利的部落。⑭

李維先生甚至咒罵人民，他把三十五個部落中的三十四個部落歸入絲毫不能享受城市權利的那一類。⑮他寫道：「你們把我判了刑，接著又讓我擔任執政官和檢察官，你們肯定瀆職了，至少一次，那就是判我刑，甚至兩次，那就是讓我先當執政官，後當檢察官。」

---

⑭ 這種人被逐出百人團並被剝奪選舉權。——孟註（一七三四年版中無此註。但此節尚有以下文字：「他們最終把目光投向共和國的局勢，把人民分配到各部落中去，從而使保民官和野心家不能控制選舉，人民不能濫用權利。」這段文字原來還有一個註腳：「平民與貴族鬥爭的結果是，法律和選舉終於可以在由部落召集的人民會議上，而不是百人團召集的會議上討論議決。共有三十五個部落擁有投票權，其中四個為城市部落，三十一個為鄉村部落。由於羅馬人只有打仗和種田兩種受人敬重的職業，所以鄉村部落受人尊重，而其餘四個部落中只有被稱作半公民的受人鄙視的無地公民，其中大多數不上戰場打仗，原因在於徵兵按百人團建制進行，凡是屬於城市部落的人，大體上也就是屬於百人團中第六等的那些人，這些人不是徵兵的對象。所以，選票很難掌握在下層民衆手中，因為他們大多在四個城市部落中。不過，人人為了脫離這四個部落而弄虛作假，只有檢察官每五年可以糾偏一次，他們把自己喜歡的人任意分配到某個部落中去，不只是某個公民，而是一群公民。參閱本書第十一章的一個註腳。還應參閱李維著作中的十年版第一卷，他在書中詳細講解了塞爾維烏斯・圖利烏斯對民衆所做的分類，這是同一些人，但從不同的角度進行分類。」——編註）

⑮ 李維，第二十九卷，第三十七章。——孟註

檢察官們把人民保民官杜洛尼烏斯逐出元老院，原因是他在職期間廢除了一項限制筵宴開支的法律。⑯

他們不能撤銷任何官員的職務，應該說這是一項明智的制度，否則就會因此影響公共權力機構的運轉。⑰但是，他們有權降低某個公民所屬的等級，甚至可以剝奪他的特殊貴族身分。

塞爾維烏斯．圖利烏斯⑱有一個留名青史的做法：把公民分成若干百人團。李維⑲和狄奧努西烏斯．哈里卡納斯⑳對此作了詳盡的闡述。他將一百九十三個百人團分為六個層級，把所有下層民衆編入最後一個百人團，並成為第六層級中的唯一百人團。這種做法儘管並未從法律上剝奪下層民衆的選舉權，但是他們事實上卻失去了參與選舉的權利。接下來又作出規定，除去某些個別情況外，選舉按部落分別進行。四個城市部落和三十一個鄉村部落共計三十五個部落，各有一票投票權，主要公民即全體農民都理所當然地被分入鄉村部落，下層

⑯ 瓦萊里烏斯．馬克西姆斯，第二卷。——孟註
⑰ 元老院裡的元老並非官員。——孟註
⑱ 此節是一七四八年版增添。——編註
⑲ 第一卷。——孟註
⑳ 第五卷，第十五章及以下。——孟註

民眾則被分入城市部落。㉑這些下層民眾相當閉塞，對公共事務的影響極小，這一點被一些人認爲是共和國安全的保障。阿庇烏斯·克勞狄烏斯曾將下層民眾分編到所有部落中去，但是，法比烏斯將這些下層民眾再度編入四個城市部落，此舉爲他掙得了「偉人」的尊號。㉒檢察官們每隔五年對共和國的實際情況進行一次檢查，將人民分入不同的部落，藉以防止保民官和野心家掌控選舉，同時也防止人民濫用自己的選舉權。㉓

羅馬的政體十分優良，其優良之處在於：這個政體自建立以來，借助人民的精神、元老院的力量和某些官員的威望，所有濫權行爲都得到了矯正。

㉑ 被稱作市集人群（Turba forensis）。——孟註

㉒ 李維，第九卷。——孟註

㉓ 檢察官的作用不限於對此作出評估，也不限於對組成共和國的個人進行道德分類，而是還要對他們進行人數統計。博絮埃就此在《通史論》第三部分第六章中寫道：「羅馬因而查清能夠扛槍的公民人數，也知道了對正在成長的青年人可以寄予何種希望。因此，羅馬對於來自非洲的敵人僅僅作出適度的抗擊，因為某個外邦將會消滅這個敵人，儘管援軍姍姍來遲，需要的只是時間，勝利是肯定無疑的，因為他們付出了無數血的代價。正因為如此，元老院始終非常清楚，儘管遭受了極大損失，羅馬尚有不少精兵良將，但也只能以拖延時間來避免被擊敗的結局。坎尼會戰受挫導致民眾不滿，自此以後，元老院發現共和國的實力已經大為削弱，敵人如果加大壓力，羅馬只能憑藉勇氣予以抵擋，所以不應因遭受重創而自亂陣腳，而應靜觀敵人如何邁出勝利的步伐。不久之後，羅馬人發現，漢尼拔沒有擴大戰果，而是在一段時間裡盡情享受其勝利成果。元老院見到這種形勢後大為放心，清醒地意識到：一個因沉溺於勝利的喜悅而錯失更大勝利的敵人，絕不可能戰勝羅馬人。羅馬從此沒有一天不在作更大的打算，而漢尼拔儘管機智、勇敢，而且屢戰屢勝，卻終究未能頂住羅馬。」——編註

迦太基之所以潰亡，是因爲在最需要制止濫權時，就連漢尼拔也不被允許這樣做。雅典之所以倒下，是因爲雅典人認爲自己的過失微不足道，因而無須矯正。義大利諸共和國自詡其政體將永不衰敗，其實應該說，他們的濫權行爲永遠不會停止。所以，與十大執政官時期的羅馬相比，雅典的自由並不更多。㉔

英格蘭的政體堪稱最爲優秀，㉕因爲那裡始終有一個實體對政府實行監督，同時也對自己不斷地進行自我監督。它的錯誤從來不會長期得不到糾正，而且由於引起全國的關注，這些錯誤甚至往往能夠使壞事變成好事。

總而言之，一個自由的政府，也就是說一個始終充滿活力的政府，如果沒有用以自糾的法律，那是無法支撐下去的。

㉔ 實力也不比那時的羅馬強。——孟註

㉕ 在一七三四年版中，此句為「歐洲最優秀之一」。——編註

第九章　羅馬覆亡的兩個原因

羅馬①的統治僅限於義大利境內時，共和國的生存極爲容易。每個士兵同時都是公民，每個執政官都徵召一支軍隊，其餘公民在下一任執政官的統率下奔赴前線。鑒於兵員數量不很大，被招募的士兵大多來自富戶，因爲他們更關心城市的安全。②再則，元老院密切注視將領們的舉動，打消他們的一切非分之想。

不過，由於每次戰事結束之後，一部分官兵不得不留在占領地，所以羅馬的軍隊越過阿爾卑斯山和大海之後，多個軍團就漸漸喪失了公民意識，將領們則因掌控著軍隊和被征服的王國，自以爲羽翼豐滿而不再服從指揮。

於是，士兵們的眼裡只有自己的統帥，把自己的一切希望都寄託在他們身上，因而與羅馬的關係日益疏遠。故而，這些軍人不再是共和國的軍隊，而是蘇拉、馬略、龐培、凱撒的士兵了。率領一支軍隊駐守在某個行省中的那個人，究竟是自己的將領抑或是自己的敵人，羅馬再也分辨不清了。

羅馬人民能夠託付給保民官的只有權力，保民官敗壞了人民的風氣，元老院卻完全能夠獨善其身，因爲元老院一刻不停地在行動，而民衆卻往往從一個極端走到另一個極端，從狂

---

① 孟德斯鳩撰寫本章的主要依據是阿庇安和弗洛魯斯的著作。——編註

② 按人頭納稅的釋奴和充人頭者（**Capite censi**）只擁有極少財產，除非形勢特別緊迫，否則他們不會被征入陸軍。——孟註

暴變爲孱弱。然而，當人民能夠讓他們所擁戴的人取得對外大權時，元老院縱然聰明絕頂也無能爲力了，共和國也就壽終正寢了。

自由國家之所以壽命短於其他國家，原因在於它們所遇到的福與禍，幾乎無一例外地使它們喪失自由；而一個人民遭受奴役的國家所遇到的福與禍，則總是進一步鞏固人民被奴役的狀態。共和國若是足夠明智，那就不應進行結局吉凶不明的冒險，它唯一應該追求的便是國祚永續。

若說帝國的廣袤幅員毀掉了共和國，那麼，城市的巨大規模同樣也會毀掉共和國。

羅馬在義大利各族人民的支援下征服了全世界，也在不同時期把各種特權回贈給義大利各族人民；③大多數民族起初對於取得羅馬公民權並不在意，有些民族寧願保持自己原來的習俗。④然而，一旦羅馬公民權等同於世界最高權利，有了羅馬公民的頭銜就有了一切，沒有這個頭銜就什麼都不是，義大利各族人民此時斷然決定，只要不死就一定要當羅馬人。由於無法借助密謀或懇求達到目的，他們就訴諸武力；愛奧尼亞海沿岸的各族人民發動起義，

③ *Jus latii, jus italicum*（拉丁人的權利就是義大利人的權利）。——孟註（此註是一七四八年版增添。——編註）

④ 埃魁人在集會上說道：「有機會選擇的人都選了自己的法律，而不要羅馬的公民權；因為對於那些無法維護羅馬公民權的人來說，這種權利是一種必須承受的負擔。」（李維，第九卷，第四十五章。）——孟註

其餘盟友聞訊而起。⑤羅馬被迫面對當初征服世界時的得力助手，處境十分凶險，眼看只能退縮到羅馬城內，不得不把羅馬公民權賦予對此期盼已久且依然忠於它的盟友，⑥此後逐漸擴大到所有人。⑦

羅馬此時已經今非昔比，全體人民以往只有一種同樣的精神、一種同樣對自由的熱愛、一種同樣對暴政的憎恨，他們那種對元老院的權力和權貴們的特權始終摻雜著嫉妒的尊敬，其實是對平等的渴求。義大利人成爲羅馬公民後，每個城市都爲它帶來了自己的才能和各自的特殊利益，以及對某個強大的保護者的依賴。⑧被撕裂的羅馬城不再是一個整體，公民的身分因變得虛幻而徒有其名，官員、城牆、神祇、神殿乃至墳墓都已面目全非，所以人們不再以原來的眼光看待羅馬，不再如先前那樣熱愛祖國，對羅馬的眷戀於是也就隨之消失了。

一些野心勃勃的人把一些城市乃至整個國家引入羅馬，藉以干擾和操縱選舉，民衆集會成了不折不扣的陰謀場所，由少量歹徒組成的團夥被稱作「群衆集會」；人民的權威、法律

---

⑤ 阿斯庫蘭人、瑪律西人、維斯提尼人、馬魯奇尼人、菲蘭坦人、希爾皮尼人、龐培人、維努希安人、亞基傑人、盧卡尼亞人、薩莫內人以及其他民族。（阿庇安：《內戰》，第一卷，第三十九章。）——孟註

⑥ 托斯卡尼人、翁布里亞人、拉丁人。此舉促使若干民族歸順羅馬。由於某些其他民族也被賦予羅馬公民權，他們於是放下武器，最終被殲滅的只有薩莫內人。——孟註

⑦ 西元前八九年的普勞蒂亞·帕皮利亞法對此作出規定。——編註

⑧ 請想像一下義大利人民這個魔鬼一樣的首腦，他借助每一個人的選票引領著世界！——孟註

乃至人民本身都變得虛幻，無政府狀態嚴重得無以復加，以至於人民是否通過了某項法律也無法確認。⑨

一些作家在他們的著作中只是說，羅馬因分裂而覆亡，可是，他們卻未曾看到，產生分裂是必然的，過去一直有分裂，將來也照樣有分裂。造成災禍並且促使紛爭變成內戰的唯一原因是共和國太大了。羅馬不可能沒有分裂，在對外作戰時如此英氣逼人、勇往直前、令人膽寒的軍人，在面對國內事務時不可能溫文爾雅。在一個自由的國度中，要求在戰場上驍勇善戰的人在平時膽小如鼠，不啻是緣木求魚。就一般常態而言，如果在一個號稱共和國的國家中，人人靜若死水，那必定是因爲沒有自由。

在一個政治團體中，要把所謂的團結說清楚不太容易。眞正的團結是和諧的聯合，其中的各個方面無論表面上多麼對立，卻都有助於社會的普遍福祉，猶如音樂中的不協調音有助於整體協調一樣。在一個被認爲混亂不堪的國家裡也可以有團結，也就是說，可以有一種帶來福祉的和諧，那就是名副其實的和平。這情形就如同宇宙的各個部分，永遠因其中若干部分的作用和其他部分的反作用而渾然一體。

但是，在亞洲的專制政體即一切非寬和政體中，始終存在著實實在在的分裂，農民、軍

---

⑨ 參閱西塞羅：《西塞羅致阿提庫斯的信》，第四卷，第十七封信。——孟註（孟德斯鳩在本書第十章中提及此信。——編註）

人、商人、官員和貴族之所以彼此有聯繫，只不過是一些人壓迫另一些人，而被壓迫的人並不反抗，倘若在他們之間發現團結，團結在一起的不是公民，而是埋在地下一個挨一個的屍體。

羅馬的法律後來變得軟弱無力，難以繼續治理共和國。但是，我們始終看到的一個事實是，一個小共和國一旦變成大共和國後，當初促成這個變化的那些優良法律反而變成了負擔；究其原因，這些法律理應發揮的作用是締造一個大國，而並非治理一個大國。

優良的法律與適用的法律區別甚大，前者使一個民族得以主宰其他民族，後者使一個民族保持其已經獲得的權力。

當今世界上有一個幾乎誰都不知道的共和國，⑩它每天都在祕而不宣地悄悄增強自己的實力。⑪可以肯定的是，倘若某一天它終於達到了它的智慧所設定的規模，它必然會變更法律，此舉將不是立法者所為，而是腐敗使然。

羅馬是爲了不斷擴張而建立的，就此而言，羅馬的法律非常出色。⑫因此，無論過去是

⑩ 伯恩大區。——孟註

⑪ 此處指一七一二年伯恩在對天主教各區的戰爭中所取得到勝利。——編註

⑫ 一七三四年版中有如下註腳：「有人認為，羅馬的政體是君主、貴族和民眾三種政體混合而成的政體，是一種劣質政體。然而，政體的優劣不在於是否與政治著作中所說的某種治國之術相吻合，而是能否滿足所有立法者所關注的人民偉大和富足的期盼。斯巴達的政體不也是三種政體的混合體嗎？」——編註

什麼政體，國王主政也罷，貴族主政也罷，民衆主政也罷，羅馬從未停止需要有人引領的偉業，而且屢屢獲得成功。羅馬比世界上其他國家高明並非一天兩天，而是始終如此；它所治理的無論是小國、大國抑或不大不小的國家，總是勝過他國，凡是幸運，它都從中獲益，凡是壞事，它都從中吸取教訓。

羅馬之所以失去自由，是因爲它過早成就了它的事業。⑬

⑬ 博絮埃在《通史論》第三部分，第七章中對此作了如下陳述：「對於羅馬的衰亡還可以添加許許多多的原因。債權人對債務人追逼過緊，致使大規模騷亂頻發。角鬥士和奴隸的人數多得驚人，羅馬和義大利因而一再發生可怕的暴力事件乃至血腥的內戰。由於大量的內外戰爭耗盡了人口，羅馬只得兼用正當和不正當的手段增加新公民，以至於在大量新歸化的人群中，羅馬人幾乎不認得自己了。元老院中滿眼都是蠻族，羅馬人的血統也不那麼純了，羅馬人原本以其對祖國的熱愛優於世界其他民族，但對於外來的新公民來說，熱愛祖國就並非理所當然了，其餘的人則因民族混雜而品行變壞。來自各地的新公民大量湧入，幫派之風日盛一日，唯恐天下不亂的人也就有了製造混亂的新招。然而，奢華、放蕩和怠惰之風造成了愈來愈多的窮人，窮極潦倒的人找不到出路，只好鋌而走險。大野心家們很少想到自己可能與窮人們一起完蛋，窮人們則沒有什麼東西可失去，所以他們都期盼發生大變。這兩種公民中的羅馬公民中成了多數，唯一能維持平衡的力量是站在中間的國家機構，但是國家機構已經變得十分虛弱了，共和國於是只能垮臺」。——編註

第十章　羅馬人的腐化

我認爲，共和國晚期傳入羅馬的伊比鳩魯學派，對腐蝕羅馬人的心靈和精神起到了推波助瀾的作用。①希臘人在此之前已經受到這個學派的腐蝕，所以他們比羅馬人更早腐化。波利比烏斯說，在他那個時代，希臘人無法憑誓言獲得人們的信任，羅馬人則時時受著誓言的約束。②

西塞羅致阿提庫斯的信中提及的一件事讓我們得以知道，③從波利比烏斯那時以後，羅馬人在這方面發生了多大變化。

西塞羅在信中寫道：「邁密烏斯剛剛向元老院通報了他和另一位競選人與執政官們簽訂的協定，協定規定執政官們將支持他們下年度連任，而他們兩人必須向這幾位執政官支付四十萬塞斯特斯，否則，他們必須提供三位占卜官和兩位前執政官作爲見證者，前者必須聲明，當人民表決通過庫里亞法時，他們都在場，④儘管實際上並無此法；後者則必須聲

---

① 西尼阿斯在皮洛士的餐桌上發表了一番言論後，法布里西烏斯表示，他希望所有與羅馬作對的人都採用這個學派的原則。參閱普魯塔克：《皮洛士傳》（*Vie de Pyrrhus*）。——孟註（此註是一七四八年增添。——編註）

② 「倘若你借給希臘人一個塔蘭特，即使有十個許諾、十個保證和十個證人，那也是徒勞，他們不會信守諾言。可是在羅馬人那裡，無論涉及公共財物或是個人財產，只要發過誓，就不會有人撒謊。這就是說，讓人們畏懼地獄是很聰明的，如今要摧毀地獄是沒有道理的。」（波利比烏斯，第六卷。）——孟註

③ 第四卷，第十八封信。——孟註

④ 庫里亞法賦予軍事權，元老院法令規定省督可以擁有的軍隊、資金和軍官。執政官們為了任意支配這一切，偽造假的法律和元老院法令。——孟註

明，元老院簽發關於處理各行省事務的法令時，他們都在場，儘管事實上並未發布過此項法令。」僅僅一項交易合同就牽扯到這許多無恥之徒！

宗教始終是公序良俗的最佳保障，除此之外，羅馬人還有一個獨特之處，那就是在他們對祖國的熱愛之中融合著些許宗教感情。在最吉祥的時刻建造的這座城市、羅馬人的王和神羅慕路斯、與羅馬城一樣永恆的卡皮托利小丘，還有與它的創建者一樣永恆的羅馬城，這一切在往昔羅馬人的心靈中留下了「所有這一切都應該永存」的印象。

民眾因國家強盛而富有。然而，富足存在於民風而非財富之中，羅馬人的富足有邊界，而富足帶來的奢靡和揮霍卻沒有邊界。⑤起初因富有而墮落的人後來又因貧窮而墮落；擁有超出私人生活所需的財富者很難是好公民，因失去巨額財富而懊惱並試圖失而復得的人，不惜鋌而走險幹任何壞事。薩魯斯特說，⑥有這樣一代人，他們自己沒有家業，也不能容忍別人有家業。

不過，不管羅馬的腐化到了什麼地步，但並非一切邪惡都已出現在羅馬。因爲，羅馬的制度具有強大力量，使英勇氣概得以保存，縱然財富、柔弱和淫逸氾濫成風，但是羅馬人在

---

⑤ 科爾內利亞用七萬五千克拉馬克買下的房舍，不久之後以二百五十萬轉手給盧庫魯斯。參閱普魯塔克：《馬略傳》（*Vie de Marius*）。——孟註

⑥ 薩魯斯特的《朱古達戰爭》片斷，引自《神之城》（*Cité de Dieu*），第二卷，第十八章。——孟註

戰爭中依然不乏剛毅，我覺得，任何其他國家都做不到這一點。

羅馬人把商業⑦和手工業視爲奴隸的行業，⑧他們自己從不涉足其中。若說也有例外，那就是一些釋奴，他們繼續從事以前的舊業。但是，羅馬人通常只會打仗，唯有打仗才是他們通向當官和獲得榮耀的道路。⑨所以，即使他們不再擁有其他所有美德，戰士的英勇氣概卻永不泯滅。

---

⑦ 羅慕路斯只允許自由民務農和打仗，經商、做工、出租房舍和開小酒店都不是公民應該從事的職業。（狄奧努西烏斯·哈里卡納斯，第二卷、第九卷。）——孟註

⑧ 西塞羅在《論義務》第二卷第九節中闡述了原因。——孟註（一七三四年版中的此註為：西塞羅在《論義務》第一卷第四十二節中寫道：「商人不撒謊就得不到任何利潤，……耕作是一切技藝中最值得稱道的技藝，是與自由人最相稱的職業。」——編註）

⑨ 當兵時間長達十六年：從十六歲到四十歲，參閱波利比烏斯，第六卷。——孟註

第十一章　蘇拉、龐培和凱撒

請允許①我避開馬略與蘇拉對陣的那幾場戰爭中的慘烈場面，阿庇安在他的書中記述了這些令人戰慄的歷史。這兩位首領固然嫉妒成性、野心勃勃、殘忍嗜血，羅馬人何嘗不是個個狂人一般；新公民和老公民不再把對方視爲同一個共和國的成員，②他們之間這場戰爭的性質有些特別：既是國內戰爭，又是對外戰爭。

蘇拉③制定了一些法律，這些法律非常有利於從源頭消除混亂，而混亂局面則是人所共見的。這些法律增大了元老院的權力，削弱了人民的權力，規範了保民官的權力。蘇拉突發奇想，放棄獨裁官的權力，似乎使共和國得以起死回生。然而，他因沉浸在一連串勝利而所做的一些事，卻讓羅馬再也無法保存其自由。

他在亞細亞遠征中澈底敗壞了軍律，致使士兵們劫掠成風，④他使軍隊產生了從未有過的需求，從而促使士兵腐化，士兵們隨之促使他們的長官腐化。

---

① 孟德斯鳩撰寫本章的主要依據來自阿庇安、西塞羅和普魯塔克的著作。——編註

② 馬略為了得到對米特拉達梯作戰的委任，從而對蘇拉不利，遂借助保民官蘇爾皮基烏斯之手，將義大利的八個新部落分散到舊部落中去，這就使大多支持馬略派的義大利人控制了選舉，而元老院和老羅馬公民則大多支持蘇拉派。——孟註

③ 在一七三四年版中，此節較短，且沒有下面緊接著的兩節。——編註

④ 參閱薩魯斯特在《喀提林陰謀》中描繪的這支軍隊。——孟註

他憑藉武力進入羅馬，慫恿他的將領們破壞這座自由的庇護所。⑤他把公民的土地分給士兵，⑥從而養成了他們無止境的貪婪。因爲從那時開始，軍人無時無刻覬覦著同胞的財富據爲己有的時機。

他開創放逐制度，把屬於不同派別的人的腦袋明碼標價。從那時起，誰也不再把自己與共和國連在一起了，因爲，身處彼此爭雄的兩個野心家之間，保持中立和支持主張自由那派的人，誰也沒有把握不被獲勝的野心家放逐，所以，審慎的做法是投靠兩個野心家中的一個。

西塞羅⑦寫道：⑧「蘇拉之後的一個人，⑨在一次邪惡的行動及其更爲無恥的勝利中，不僅沒收了個人財產，而且殃及多個行省中的所有地方。」

蘇拉⑩卸任獨裁官後，似乎只想在他自己制定的法律保護下過日子。然而，這個看似十分節制的舉動其實是他一系列暴行產生的後果。他在義大利各地組建了四十七個軍團，阿庇

---

⑤ 參閱安提庫奧斯的著作片斷，見《論至善與至惡》。——孟註
⑥ 起初分配的當然是敵方戰敗者的部分土地，但蘇拉卻將公民的土地分給士兵。——孟註
⑦ 在一七三四年版中，此節是一個註腳。——編註
⑧ 《論義務》，第二卷，第八章。——孟註
⑨ 指凱撒。——編註
⑩ 此節是一七四八年版增添。——編註

安說，在這些軍人看來，他們的財產與蘇拉休戚相關，所以他們極爲關心蘇拉的安全，時刻準備爲他提供救助或爲他復仇。⑪

共和國註定要垮臺了，問題只在於什麼時候和誰把它搞垮而已。

兩個人同樣野心勃勃，差異只在於其中一人更懂得如何直接走向目標。他們的聲譽、戰功和品德令其他公民黯然失色，龐培首先登場，凱撒緊隨其後。

龐培爲了籠絡人心，廢除了蘇拉制定的所有限制民衆權利的法律。當他基於野心而犧牲掉最有益於國家的法律之後，就如願以償地得到了他所要的一切，民衆對他的野心卻絲毫沒有警覺。

羅馬的法律把公共權力做了非常合理的分配，掌權的官員相互支持、限制、制約。每位官員的權力都相當有限，因而每個公民都有可能當官。百姓看到的官員經常更迭，所以對誰也都不很熟悉。可是，共和國的制度此時發生變化，權勢最大的那幾位人物設法讓民衆賦予他們特殊委託，人民和官員的權威因此而被扼殺，大權落入一人或幾人手中。⑫

不是要向塞多留宣戰嗎？那就委託給龐培。不是要向米特拉達梯宣戰嗎？民衆異口同聲

⑪ 不妨看看凱撒死後發生的那些事情。——孟註

⑫ 參閱薩魯斯特：《喀提林陰謀》（*Conjuration de Catilina*），第三十九章。——孟註（此註是一七四八年版增添。——編註）

地喊道：「龐培」。不是應該向羅馬調運小麥嗎？若不讓龐培去辦，民衆就認爲這件事肯定辦不成。不是要殲滅海盜嗎？那也只有龐培可行。凱撒發出入侵威脅，這回是元老院大聲疾呼，把所有希望寄託在龐培身上。

馬略對民衆說：⑬「我覺得，權貴們所期待的龐培，保障你們自由的意願甚於保障權貴的統治。但是有一段時間，人人生活在多人的保護之下，而不是所有人生活在一個人的保護之下；那時從未聽說過，這種事情可以由一個人來決定取捨。」

羅馬從創建那日起就是要不斷擴大的，所以必須把管理⑭和權力集中到某幾個人身上，但到了動亂時刻，就會出現一位公民獨掌全權的局面。

大家都知道賦予榮譽意味著什麼，然而，如果把權力附加在榮譽上面，那就不知道權力將會延伸到何處了。

在一個共和國裡，對一個公民的過度偏愛必然產生某種後果，或是引起民衆的嫉妒，或是獲得民衆的無限擁戴。

龐培兩度返回羅馬時都具有主宰共和國的能量，但他沒有濫用權力，而是在進城之前把軍隊遣散，以普通公民的身分出現在羅馬城。此舉爲他贏得極大聲譽，以致後來無論他做出

⑬ 薩魯斯特著作的片斷。此書第三卷中錄有保民官瑪律庫斯·萊比杜斯的演說。——孟註

⑭ 一七三四年版，此詞寫作「仰慕」（admiration）；一七四八年版，此詞寫作「管理」（administration）。——編註

什麼損害法律的事情，元老院始終公開站在他一邊。

與凱撒相比，龐培的野心不那麼急於求成，比較溫和。凱撒如同蘇拉，試圖憑藉武力奪取最高權力。龐培不想採用這種方式，他要借助民衆的選票取得獨裁權；他不願意篡奪權力，而是要人民把權力拱手交給他。

人民不會一成不變地始終擁戴某人，龐培的威望幾度有所下降；⑮讓他最惱火的是，他所鄙視的那些人提升了自己的威望，以此來對抗他。

他因此而做了三件同樣可悲的事：用金錢腐蝕民衆，在選舉中以金錢收買每個投票支持他的人。

不但如此，他雇傭一批無賴干擾官員的工作，企圖藉此讓明白事理的百姓對無政府狀態產生厭倦，在絕望之中讓他出任獨裁官。

第三，他與凱撒和克拉蘇憑藉利害關係相互勾結，所以加圖說，搞垮共和國的不是他們的敵對，而是他們的聯合。事實上，羅馬的狀況十分令人痛惜，和平對它的損害甚於內戰，因爲和平使大人物們的看法和利益彼此協調，暴政便應運而生。

龐培並未把自己的威望賦予凱撒，卻在不經意之間以自己的威望成就了凱撒。不久之後，凱撒用龐培所給予的力量和計策對抗龐培，暗中派人去擾亂羅馬城的秩序，操控選舉，

---

⑮ 參閱普魯塔克。——孟註

把執政官、財務官、保民官的職務按照他們自己確定的價格出售。

元老院對於凱撒的意圖心知肚明，於是向龐培求助，請他承擔保衛共和國的重任；倘若可以把一個請求一位公民保護的政體叫作共和國的話，那就這樣稱呼它吧！

我覺得，龐培垮臺的主要原因是他自感羞愧，因爲他意識到，當初提攜凱撒時太缺乏遠見了。但是，他遲遲不願意承認這一點，不爲自己設防，不承認自己身處險境。他在元老院爲凱撒打包票，說他不敢發動戰爭；這樣的話說了無數遍之後，他就無法改口了。

促使凱撒什麼都敢做的似乎是這樣一件事：兩個倒楣的地名竟然差不多，元老院在凱撒對山外高盧的管轄權上，增添了對山南高盧的管轄。

當時的政治狀況不允許羅馬近畿駐紮軍隊，但是也不能容忍整個義大利沒有一兵一卒。於是，大量軍隊就駐在山南高盧，即從羅馬湼的盧比孔河延伸到阿爾卑斯山一帶。然而，爲了確保羅馬城不受這些軍隊侵犯，元老院頒布了一通著名的法令，向地下諸神表示忠心，並聲稱，無論何人竟敢率領軍團或團隊，哪怕只是一小隊軍人渡過盧比孔河，都是對神的褻瀆和對國家的背叛；鐫刻這通元老院法令的石碑⑯豎立在從里米尼通往切塞納的大路上，至今猶存。

⑯ 這塊石碑是一件贗品，大概遲至十五世紀後才出現。孟德斯鳩在一七二九年遊歷義大利時見到了這塊石碑。參閱孟德斯鳩：《遊記》。——編註

凱撒除了管轄這塊扼守通往羅馬城要道的地區外，此時又添加了另一塊更加重要的地區，那就是包括法國南方在內的山外高盧。取得對這個地區的管轄權之後，凱撒就獲得了在若干年內向他想要攻打的任何民族開戰的機會，他的士兵與他一年年變老，他對士兵心靈的征服絲毫不亞於他對蠻族的征服。凱撒若是沒有獲得對山北高盧的管轄權，他的士兵就不可能腐化，他也不可能因屢戰屢勝而享有盛譽。他若沒有掌控山外高盧，龐培就可以阻擋他翻越阿爾卑斯山；結果卻是戰事伊始，龐培不得不放棄義大利，致使他那一派聲名狼藉，而在內戰中，聲名就是實力。

坎尼會戰後，漢尼拔陷羅馬城於一片驚恐之中，凱撒渡過盧比孔河後，羅馬城再度驚恐萬狀。開戰之初，龐培驚惶失措，無計可施，只剩下在絕境中可以考慮的辦法，那就是退讓和逃跑。他撇下國庫，逃出羅馬城；他沒有任何手段可以阻擋勝利者，於是丟棄一部分軍隊和整個義大利，渡海而去。

凱撒的好運經常被人議論。不過，這位非凡的人物確實具有許多出眾的優點，而且沒有什麼缺點，儘管他的爲人不值得稱道。他無論統率什麼軍隊，想要不打勝仗談何容易；他無論出生在哪個共和國，不想讓他主宰這個國家也很難。

凱撒在西班牙擊潰龐培的守將之後，徑直殺向希臘去與龐培決戰。龐培身處海邊，兵力占優，正想看看凱撒的軍隊如何被貧困和饑餓擊潰。可是，他有一個致命的弱點，那就是總想讓別人說他正確，因而欲罷不能地讓麾下那些將領們發表空無一物的議論，而這些將領又總是喜歡不停地揶揄和指責他。⑰一個人說：「他想永遠當統帥，如同阿伽門農那樣成爲諸王之王。」另一個人說：「我提醒你們，今年我們吃不到圖斯庫魯姆的無花果了。」元老們被龐培的幾次小勝沖昏頭腦，龐培爲了免受指責，竟然做了一件永遠被後人指責的事：他放棄了自己的諸多優勢，率領一支新軍去抗擊那支屢戰屢勝的軍隊。

法薩盧斯戰役後，殘餘部隊退入非洲，率領這支殘部的西庇阿一點也聽不進加圖關於打持久戰的意見，他自恃擁有若干優勢，不顧一切，以致失去一切。布魯圖斯和卡西烏斯匆忙重整舊部，結果卻是共和國的第三次毀滅。⑱

你們可以看到，在這場長期持續的內戰中，羅馬的外部實力不斷增長，在馬略、蘇拉、龐培、凱撒、安東尼和奧古斯都先後主政時期，羅馬變得愈來愈令人生畏，最終打垮了所有殘存的國王。

以征服對他國構成威脅最甚者，莫過於正處於內戰慘禍中的國家。貴族、市民、工匠、農夫等所有人都成爲士兵，與那些只有公民的其他國家相比，當它的兵力因處於和平時期而

⑰ 參閱普魯塔克：《龐培傳》（*Vie de Pompée*）。——孟註

⑱ 阿庇安在《內戰》第四卷中對此作了非常精彩的記述。如果沒有這場戰爭，屋大維和安東尼的軍隊就會死於饑餓。——孟註

集結時擁有極大優勢。況且，一些大人物往往[19]在內戰中脫穎而出，才能出衆的人在混亂中嶄露頭角，人人各得其所。反之，在和平時期，每個人的位置都是被別人安排的，而且總是安排得不合適。除了羅馬人，法國人也提供了同樣的實例。法國在以下這些時期最讓他國懼怕：勃艮第家族和奧爾良家族紛爭之後、公益聯盟騷亂之後、路易十三和路易十四幼年繼位後的內戰之後。英國最受他國尊重是在長期國會引發的內戰之後的克倫威爾掌權時期；德國人在內戰之後才擁有對鄂圖曼帝國的優勢；繼位戰爭之後的腓力五世執政期間，西班牙在西西里展示的實力令歐洲[20]大爲震驚。我們今天看到的則是波斯在內戰中浴火重生，而且令鄂圖曼帝國蒙受羞辱。[21]

總之，共和國毀滅了，應該受到譴責的不是某幾個人的野心，而是人，人大凡有一點優勢，總是權欲薰心，而之所以想要獨占一切，正是因爲已經擁有許多。

凱撒和龐培倘若像加圖那樣想，其他人就會像凱撒和龐培那樣野心勃勃；那麼，註定要把共和國推向懸崖的就會是另一隻手。

---

⑲ 在一七三四年版中，此詞是「總是」（toujours），而不是一七四八年版中的「往往」（souvent）。——編註

⑳ 此處指一七一六—一七一九年間阿爾貝羅尼在薩丁尼亞島和西西里的活動。——編註

㉑ 此處指庫里汗的征戰。參閱本書第四章和《論法的精神》第十章第十七節中的註腳1。——編註

凱撒原諒了所有的人。但是我覺得，把一切篡奪到手之後展示的寬容，不值得大加讚揚。

不管有人如何誇讚凱撒在法薩盧斯戰役後的行動敏捷，西塞羅指責他行動遲緩是有道理的。他對卡西烏斯說，他們從未想到龐培會那麼快就在西班牙和非洲重整旗鼓；他還說，他們如果能對凱撒戲弄亞歷山大城之戰的做法有所預見，他們就不會與他媾和，而會與西庇阿和加圖一起撤退到非洲去。㉒瘋狂的愛情㉓促使他先後捲入四場戰爭，但是由於他未能預見後兩場戰爭，致使在法薩盧斯戰役中已經確定無疑的事再次成爲問題。

凱撒掌權之初用的是各種官銜，因爲人人都很在乎頭銜。猶如亞細亞人很憎惡執政官和副執政官這種官銜，歐洲人很討厭國王這種稱謂；以至於在這段時間內，這些頭銜和稱謂決定著全世界的禍與福。凱撒曾試圖讓人民把王冠戴在他的頭上，但是當他發現人民不再爲此歡呼時，只得放棄對王冠的追求。他還做過另外一些嘗試。㉔我想不明白的是，他怎麼會認爲，羅馬人民之所以容忍他這位暴君，竟然是因爲他們喜歡暴政，而且認爲過去就是這樣做的。

㉒ 西塞羅：《家書》，第十五卷。——孟註

㉓ 此處指凱撒對克莉奧佩特拉的熱戀。——編註

㉔ 他免去了人民保民官的職務。——孟註

某日，元老院向他授予某種殊榮，他竟然不屑於起立，從此之後，元老院裡的重量級人物就再也無法忍氣吞聲了。

人最不得被冒犯的是禮節和習慣，你若試圖壓制某人，有時反而證明你很重視他；然而對習俗的冒犯所體現的則永遠是蔑視。

凱撒一貫與元老院作對，而且無法掩飾他對元老院的蔑視，失去權力的元老院幾乎變得怪誕可笑。凱撒的寬容因此而被視爲侮辱，他被認爲並非寬容，而是不屑於懲罰。

他對元老院的蔑視發展到了越俎代庖的地步，公然替元老院頒布法令；他想到了哪幾位元老，就以這幾位元老的名義簽署法令。西塞羅就此寫道：㉕「我多次聽說，經我提議而通過的元老院法令，在我獲悉之前就被送到敘利亞和亞美尼亞；好幾位君主寫信給我，感謝我同意授予他們國王稱號，其實我不但不知道他們已是國王，甚至不知道世界上有這幾個人。」㉖

那時有一些大人物的書信被置於西塞羅名下，㉗因爲這些書信大多出自他的手筆。在這些書信中可以發現，共和國的主要領導人因這場突如其來的巨大變故而氣餒和絕望，他們不

㉕《家書》，第九卷。——孟註

㉖此段在一七三四年版中是一個註腳。——編註

㉗參閱西塞羅和蘇爾皮基烏斯的書信。——孟註

但失去了榮耀，甚至失去了工作崗位，元老院不再擁有職權，元老們過去在全世界享有的聲望，如今只能獨坐在書房裡回味。不難發現，書信中的記述遠勝史書中的同類記述，這些書信是一批天眞的人們的傑作，他們被共同的痛苦連接在一起，那時，虛僞的禮節尚未造成無處不說謊話的局面。總之，與當今大多數書信不同，我們在這些書信中看到的，不是一群爾虞我詐的人，而是一群可憐地相互傾訴的朋友。

凱撒想要保住性命相當不易，大多數密謀者都是他的同黨，或者得到過他的許多好處。㉘原因其實不言自明，凱撒的勝利給他們帶來了巨大好處，可是，他們的境遇愈好，就愈要同舟共濟；㉙因爲，從某種意義上說，對於一個一無所有的人而言，生活在什麼政體之下是無關緊要的。

此外，希臘和義大利的所有共和國有一種萬民法，另有一種被普遍接受的觀點，那就是，殺死最高權力篡奪者的刺客是品行高尚的人。在羅馬，特別是趕跑了諸王之後，法律對此有明確的規定，而且有先例可循，共和國交給每個公民一把利劍，讓他們在那一瞬間充當

㉘ 布魯圖斯、蓋烏斯．卡斯卡、特雷伯紐斯、圖利烏斯．辛布林、米努蒂烏斯．巴希魯斯都是凱撒的朋友。參閱阿庇安：《內戰記》，第二部。——孟註

㉙ 我在這裡說的是凱撒在自由政府中的同僚，而不是他這位暴君周圍的佞臣，這些人是要隨他而去的。——孟註（此註是一七四八年版增添。——編註）

臨時法官，承認他們是爲自衛而行刺。

布魯圖斯無所顧忌地告訴他的朋友們，他的父親若是重返人間，他照殺不誤。[30]儘管由於暴政持續而使自由精神日漸衰微，但是在奧古斯都主政初期，密謀事件一直呈現上升態勢。

羅馬人對自己的國家懷有一種執著的愛，當這種愛脫離了罪惡和美德的常規，就聽不進善意的勸導，再也看不見公民、朋友、恩人和父親，美德似乎爲了自我超越而忘卻了自己，美德把因其殘酷而無法獲得贊同的行爲加以美化，使之成爲值得大家讚賞的神聖的行爲。

凱撒生活在自由的政體下，他的罪惡難道只能用刺殺而不能用其他方法懲罰嗎？倘若要問爲何不使用公開的暴力或借助法律對他進行追究，那豈不是想要爲他的罪惡找理由嗎？

㉚ 見《與布魯圖斯通信集》（*Lettres de Brutus*），載於《西塞羅書簡集》。——孟註

第十二章　凱撒死後的羅馬

共和國①根本無法死而復生，於是出現了從未見到過的情景：暴君沒有了，自由也沒有了；導致共和國傾覆的那些原因依然存在。

密謀者們僅僅策劃了謀殺，卻沒有考慮事成之後如何應對。

他們得手之後便退到坎皮托里奧山去了，元老院沒有開會。翌日，唯恐天下不亂的萊比杜斯率領武裝人員占領了羅馬廣場。②

老兵們擔心此前已經到手的巨額饋贈會遭到追索，於是開進羅馬城內。此舉導致元老院贊同凱撒的所有行動，並且採取折衷的辦法，宣布赦免密謀分子，從而造成了一個虛假的和平局面。

凱撒被殺之前曾打算出征帕提亞人，爲此任命了一些在此後多年內任職的官員，以便當他不在時有人維持政局穩定。所以，凱撒被殺後，他的同黨們覺得自己能夠長期保有實力。

元老院不加限制地批准了凱撒提交的一切文書，並下令執政官們負責執行，身爲執政官之一的安東尼拿到了凱撒的帳本，並把凱撒的祕書收買過來後，便在筆記上任意記帳，這樣一來，凱撒這位獨裁官死後比他生前更加暴戾，因爲他的未竟之業，安東尼替他完成了；他未能發出去的錢，安東尼替他發了，所有對共和國不懷好意的人突然在凱撒的帳本裡找到了

① 孟德斯鳩撰寫本章的主要依據來自阿庇安、普魯塔克、西塞羅和狄翁．凱西烏斯的著作。——編註

② Forum。——編註

各自的賞金。

另外還有一件糟糕的事：凱撒為遠征籌集了大量資金，藏在奧普斯神廟中，如今凱撒的帳本落入安東尼手中，他於是就恣意揮霍。

密謀者們原本打算把凱撒的屍體扔進台伯河，③他們這樣做不會遇到任何阻礙，因為在意外事件發生之後的驚愕期間，只要敢做，做什麼都很容易。但是，因為發生了一些意外，凱撒的屍體最終並未被扔進台伯河。

元老院認為必須允許人們為凱撒舉行葬禮，因為既然凱撒並未被宣布為暴君，那就沒有理由拒絕將他下葬。羅馬有個深得波利比烏斯稱頌的習俗，即送葬隊伍要高舉祖先的畫像，還要為亡人致墓前頌詞。為凱撒致墓前頌詞的安東尼向公眾展示了凱撒帶血的袍子，宣讀了凱撒的遺囑，凱撒在遺囑中答應給予民眾大量饋贈，受此煽動的民眾一把火燒毀了謀殺者們的房舍。

這一事件發生時，西塞羅控制著元老院，他不加掩飾地說，④當初應該更加猛烈些，採取一些哪怕危及生命的行動，即使其實並不會死人。但是，他為自己辯解說，待到元老院集

③ 這種做法並非沒有先例。提比略．格拉古被殺後，屍體被市政官盧克萊提烏斯（後來被稱作維斯皮羅）扔進台伯河。——孟註

④ 參閱《西塞羅致阿提庫斯的信》，第十四卷，第十封信。——孟註

會時已經太晚了，許多人對此不會感到驚訝，因爲他們知道，在一件民衆起到重大作用的事件中，一瞬間能有多麼巨大的分量。

此時發生了另一件意外：正當人們爲凱撒之死舉辦各種活動時，一顆長尾彗星連續七天出現在天空，百姓們眞誠地相信，凱撒的靈魂已經被接到天上去了。

希臘和亞細亞人民有一種習慣，不但爲國王甚至也爲做過他們的副執政官的人修建神廟，⑤沒人不讓他們這樣做，因爲這是他們能夠提交的、曾經被奴役的最有力的證據。羅馬人甚至會在家廟或私人神殿裡供奉先祖，但我知道，從羅慕路斯到凱撒，任何羅馬人都未曾被視爲公衆的神祇。⑥

馬其頓的管轄權落到安東尼手中，但他要的不是馬其頓，而是兩個高盧，至於他有此想法的原委，大家都心照不宣。由於德齊穆斯．布魯圖斯拒不將他掌管的山南高盧交給安東尼，安東尼於是決定把他趕走。一場內戰隨之爆發，元老院隨後便宣布安東尼爲祖國的敵人。

---

⑤ 參閱《西塞羅致阿提庫斯的信》，第五卷，以及蒙哥教士對於此信的評註。——孟註（蒙哥教士的評註如下：「羅馬法規定，行省總督可以接受此類尊號。蘇埃托尼烏斯賦予奧古斯都特殊榮譽，允許他在外省所有為他修建的殿堂中，將他的名字與羅馬並列。」——編註）

⑥ 狄翁曾說，三頭執政官都希望有朝一日能擁有凱撒那樣的地位，他們竭力為凱撒增光添彩；見第四十七卷。——孟註

西塞羅爲了整垮宿敵安東尼，採用不正當手段提升屋大維的聲望和地位，他不但不設法讓人民忘卻凱撒，反而喚醒人民對他的記憶。

屋大維對付西塞羅頗有心計，他又是討好，又是吹捧，又是求教，凡是能滿足西塞羅虛榮心的各種手腕統統用上了。

這幾乎把一切事情都弄糟了，因爲，凡是做這些事的人，通常除了爭取在主要方面獲得成功之外，還想在某些方面小有成就，藉以迎合自尊心和自我滿意感。

我相信，加圖如果不把共和國交出去的話，情況就完全會是另一個樣子。西塞羅雖然能出色地充任二流角色，但完全無法勝任一流角色；他才具雖高，但精神平庸。對於西塞羅來說品德是次要的，而對於加圖來說榮耀才是次要的。⑦西塞羅始終自認爲是首要人物，力圖借助共和國爲自己增光，加圖卻總是忘卻自己，一心只想拯救共和國。

這種對比還可繼續下去：當加圖預見未來時，西塞羅憂心忡忡；當加圖對他人有所期待時，西塞羅對自己信心滿滿；加圖一貫以冷靜處事，而西塞羅總是忽冷忽熱。

安東尼兵敗摩德納，兩位執政官希提烏斯和潘薩死於該地。元老院自以爲掌控著局勢，試圖把屋大維壓下去，屋大維於是停止與安東尼作對，率兵返回羅馬，強令宣布他爲執政官。

---

⑦ 參閱薩魯斯特：《朱古達戰爭》（*De Bello catil*）。——孟註

西塞羅曾自誇說，他的袍子橫掃了安東尼的軍隊，這次他給了共和國一個更加危險的敵人，因爲此人的名字更加令人感到親切，其權力從表面看更加合法。⑧

安東尼兵敗之後逃到山外高盧，萊比杜斯接納了他。兩人一起與屋大維聯手，以朋友和敵人的性命互贈。⑨萊比杜斯依然留在羅馬，另外兩人前去尋找布魯圖斯和卡西烏斯，果然在爲世界霸權而打了三場惡仗的地方⑩找到了他們。

布魯圖斯和卡西烏斯自殺而亡，他們輕率地拋棄了共和國，實在不可原諒；每當讀到此處，都令人不得不爲共和國深感痛惜。加圖後來也在悲劇落幕時結束了自己的生命，從某種意義上來說，布魯圖斯和卡西烏斯之死拉開了這齣悲劇的序幕。

自殺之所以成爲羅馬人的一種普遍習慣，原因不止一個。傳播甚廣的斯多葛學派鼓勵自殺，凱旋慶典的確立和奴隸制度的形成使一些偉人認爲，失敗之後不應苟且偷生，受到指控者與其受審不如自裁，因爲審訊會帶來名聲被玷汙和財產被沒收的後果；⑪這或許是一種比較理性的榮譽感，與當今我們有些人僅僅由於一個手勢或一句話就掐死朋友相比，要理性得

---

⑧ 他是凱撒的繼承人和養子。——孟註

⑨ 他們的殘忍無以復加，竟然下令人人以放逐取樂，違命者處以死刑。參閱狄翁。——孟註

⑩ 此處指西元前四二年的腓立比戰役，另外兩次是法薩盧斯戰役和亞克興戰役。——編註

⑪ 參閱塔西佗：《編年史》（*Annales*），第六卷。——孟註

多。總之，以自殺體現英雄主義非常方便，誰都可以在他願意的時刻結束在衆人面前演的那齣戲。

便於執行也是自殺之所以相當常見的一個原因，想要自殺的人，滿腦子都是即將實施的自殺行動和原因以及因此而得以逃避的風險，強烈的情緒只能讓他感到死亡，卻根本看不見死亡。⑫

自尊和自我保護嬗變爲多種方式，並以許多彼此矛盾的原則發生作用，促使我們由於熱愛自己的存在而犧牲自己的存在；我們對自己無比摯愛，一種與生俱來的朦朧混沌的本能，使我們的自愛甚於對生命的熱愛，從而心甘情願地終止自己的生命。

---

⑫ 孟德斯鳩的手稿和一七三四年版第一次印刷本的一些樣書中有以下語句：「可以肯定的是，人在此時變得不像平時那麼自由、那麼勇敢、那麼嚮往宏偉的事業，當他被這種力量控制時，其他力量隨時都會對他失去作用。」此外，還有一個註腳進一步對此加以說明：「如果查理一世和詹姆斯二世在世時有一種宗教准許他們自殺，前者就沒有必要如此活著，後者也就沒有必要如此死去。」這句話在書籍裝訂之前應檢查官員的要求而刪除。孟德斯鳩在一七二一年是主張允許自殺的。參閱《波斯人信札》第七十六封信，在《論法的精神》第十四章第十二節和第二十九章第九節中也有所流露，但口氣比較緩和。——編註

第十三章　奧古斯都

塞克斯圖斯．龐培①坐擁西西里和撒丁，他是大海的主人，身邊還聚集著大量爲最後一線希望而戰的逃亡者和流放者。屋大維與他打了兩場艱難的仗，取得了一些並不順利的小勝，憑藉阿格里帕的機智才最終將他戰勝。

密謀者幾乎都不得善終，在毫不留情的戰爭中屢屢敗北一方的首領，自然都會死於非命。然而，有人竟然從中推導出結論說，謀殺凱撒的刺客受到報應是天意使然，他們的作爲也受到天意譴責。

屋大維把萊比杜斯的部下拉到自己一邊，並且剝奪了萊比杜斯作爲三人執政官之一的權力，屋大維甚至對萊比杜斯遠離公衆以求慰藉的做法心生妒恨，逼他以私人身分在人民大會上露臉。

萊比杜斯受辱令大家十分開心，因爲他是共和國最壞的公民，總是帶頭挑起騷亂，不斷籌畫壞點子；爲了把這類壞點子付諸實施，他不得不勾結比他更狡猾的人。一位當代著作家竟然爲萊比杜斯大唱讚歌，②並爲此而援引安東尼的話，因爲安東尼在一封致萊比杜斯的信中稱他爲老實人。不過，安東尼眼裡的老實人，在別人眼裡多半不是老實人。

我以爲，在所有經常顯現怯懦本能的羅馬將領當中，唯有屋大維贏得了部下的愛戴。當

---

① 孟德斯鳩撰寫本章以及以下兩章的主要依據來自塔西佗、蘇埃托尼烏斯和狄翁．凱西烏斯的著作。——編註

② 聖—雷阿爾教士（L'abbé de Saint-Réal）。——孟註

時，羅馬士兵們讚揚將領們的慷慨大度甚於他們的英勇氣概。屋大維缺乏用以贏得霸權的氣概，所以不大爲人們所畏懼，這或許正是給他帶來霸權的與衆不同之處。如果有人說他所做過最丟臉的事反而成就了他，這也不無可能。當初他若展現出偉大的胸襟，所有人都會對他有所戒備；當初他若大膽果敢，就不會讓安東尼有足夠時間做那些離譜的事，以致最終葬送自己。

安東尼準備向屋大維開戰時對士兵們發誓說，勝利之後兩個月就重建共和國。由此可以清晰地看到，世界上最盲目妄爲的是軍隊，儘管士兵們也珍惜祖國的自由，但是他們卻不斷地摧毀共和國的自由。

亞克興戰役之後，克萊奧派特拉逃脫，還帶走了安東尼。毫無疑問，她後來把安東尼出賣了。③或許她曾試圖以女人難以想像的魅力，讓第三位世界主宰者臣服在她腳下。

安東尼④爲之犧牲了整個世界的那個女人背叛了他，他所培養或提攜的許多將領和國王一個個離他而去。一隊角鬥士卻如同英雄一樣忠誠於他，此事令人覺得，慷慨大度與主僕關係之間彷彿有某種聯繫。你若對某人施以大量恩惠，他因此而產生的第一個念頭便是設法保護好這些恩惠，因爲這是你讓他保衛的新利益。

---

③ 參閱狄翁，第五十一卷。——孟註

④ 此節是一七四八年版增添。——編註

這些戰爭中有一個驚人之處，那就是一個戰役幾乎就把一切搞定了，戰敗一次就再也無法挽救。

羅馬士兵其實並無派別意識，他們不是爲某事而戰，而是爲某人而戰，他們心裡只有以巨大的許諾招募他們來的首領，可是，首領一旦戰敗，許諾便成爲泡影，他們於是轉投另一方。各個行省參與爭端也完全不是出於眞心實意，因爲元老院抑或人民誰占上風對它們無關緊要。因而，一個首領剛剛戰敗，它們就立刻投向另一位首領。⑤因爲，每個城市都必須在勝利者面前證明自己的淸白，而勝利者由於需要向士兵兌現當初的承諾，就得拿罪名最大的行省開刀。

法國有兩類內戰，一類因宗教而戰，這類內戰持續時間很長，因爲戰爭即使已經結束，引發戰爭的動因依然存在。另一類內戰沒有確定的原因，而是由某些大人物的野心或率性引發，這類內戰很快就被撲滅。⑥

奧古斯都（這是諂媚者送給屋大維的尊稱）確立了秩序，即持久的奴役制度。因爲，在一個最高權力剛剛被篡奪的自由國家裡，凡是能夠確立唯一統治者無限權力的一切，都被稱作「規則」，凡是能夠保證臣民享有眞正自由的任何行爲，都被稱作騷亂、傾軋和惡政。

---

⑤ 城市裡沒有用於保衛城市的衛隊，羅馬人用來保衛帝國的只有軍隊和殖民地。——孟註

⑥ 此處指法國隊的投石黨人。——編註

所有居心叵測的政客都曾在共和國裡積極謀劃無政府狀態，龐培、卡西烏斯和凱撒都大獲成功，他們下令對危害公衆的罪行不予懲罰，所有能夠制止民風敗壞並優化社會秩序的措施，都被他們取消了。他們想方設法促使公民變壞，正如好的立法者竭盡全力促使公民變好一樣。他們把以金錢腐蝕人民的習俗引入羅馬，縱然被指控犯有陰謀罪，也能用金錢收買法官。他們不擇手段地使用各種暴力擾亂選舉，一旦被控有罪，他們居然恫嚇法官。⑦人民的權威消失殆盡，加比尼烏斯便是一例，他不顧人民反對，強行借助武力把托勒密扶植上臺後，竟然厚顏無恥地要求舉行凱旋慶典。⑧

共和國的這幾位首要人物試圖讓人民厭惡自己的權力，挖空心思地放大共和政體的缺陷，從而使他們變爲不可或缺的人物。可是，出於政治需要，奧古斯都主政之後就著手恢復社會秩序，藉以顯示一人治國的優越性。

奧古斯都手握軍權時，擔心的是士兵叛變，而不是公民的密謀，所以他懷柔士兵，冷對公民。局面穩定時，他害怕有人搞密謀，凱撒的遭遇時時閃現在他眼前，所以他竭力遠離凱撒的覆轍，以免落得同樣的下場，讀懂奧古斯都一生的關鍵便在於此。凱撒曾口出狂言，說共和國算個屁，他的話就是法律；奧古斯都不像凱撒，他走進元老院時，鎧甲外面罩著長

---

⑦《西塞羅致阿提庫斯的信》對此有所記述。——孟註（此註是一七四八年版增添。——編註）

⑧ 凱撒向高盧人開戰，克拉蘇向帕提亞人開戰，均未經元老院討論，也未經人民授權。——孟註

袍，他婉拒獨裁官的頭銜，口口聲聲表明他對元老院的尊嚴和對共和國的尊重。他想要確立的是一個既能取悅於人民又不觸犯他利益的政體，對大多數民衆來說是貴族政體，對於軍人來說則是君主政體；這種政體雖然模棱兩可，但由於沒有自己的軍事實力予以支撐，所以只有取悅君主方能生存，因而可以說，這是一個不折不扣的君主政體。

有人曾經發問：奧古斯都是否確實有意放棄獨攬的大權？然而誰都看得出來，倘若他眞想這樣做，難道會做不成？他要弄給人看的只不過是一個小把戲罷了。整整十年，他一直請求卸下這副擔子，可是卻始終挑著這副擔子。其實這是玩弄小聰明，目的是攫取他認爲尙未到手的那些權力。我是依據奧古斯都的一生作出這一判斷的。儘管人的想法往往捉摸不定，但是，在某一時刻放棄一生中深思熟慮的結果，這種情況實在極爲罕見。通觀奧古斯都的所有行動和所有決斷，無一不是顯而易見地指向建立君主政體。蘇拉擯棄了專制，他一生中雖然各種暴行不斷，從中卻能看到一種共和精神；他雖然以暴戾專斷的方式執行他的各種決策，這些決策本身卻始終透著某些共和的氣息。蘇拉這位秉性急躁的漢子，以暴烈的手段把羅馬人引向自由。奧古斯都這位狡詐的暴君⑨以柔和的手腕把羅馬人引向奴役。蘇拉治理下

⑨ 我在此處使用的暴君一詞是希臘人和羅馬人所理解的含義，也就是說，凡是推翻民主政體者均為暴君。——孟註。（一七三四年版中的此註如下：「自從人民法制定之後，奧古斯都成為合法君主。」其實，這句話不適用於奧古斯都，沒有任何法律賦予他以主宰一切的權力。——編註）

的共和國實力逐漸恢復，可是人人都高喊反對暴政；奧古斯都主政時，暴政日甚一日，大家談論的卻是自由。

凱旋慶典曾經為羅馬的雄偉增光添彩，可是在奧古斯都主政期間，已成為習慣的凱旋慶典不復存在，準確地說，凱旋慶典變成了君主獨享的特權。⑩在帝制下出現的許多事物，都能在共和時期找到源頭，⑪若把源頭及其發展連接起來，就看得更加清楚。唯有主導並贏得戰爭勝利的人，才有資格要求舉行凱旋慶典，⑫而戰爭永遠是在統帥的指揮下進行的，統帥就是皇帝，因為他統領所有軍隊。

共和時期的首要大事是不停地打仗，帝國時期的要務則是維持和平，勝利連同軍隊都被視為令人不安的原因，因為軍人要求為他們的服務支付更高的酬勞。

領有某些軍權的將領害怕接受重任，他們必須削減自己的榮耀，頂多只能引人矚目，不能招惹君主的嫉妒，絕對不能功高蓋主，讓君主無法忍受。

---

⑩ 其他人只能獲贈勝利花環。見狄翁：《奧古斯都傳》。——孟註

⑪ 羅馬未曾遭到入侵便更換了政體，由於政體形式大體保持原樣，習俗也保存下來了。——孟註

⑫ 狄翁在《奧古斯都傳》第五十四卷中寫道，阿格里帕出於謙遜未向元老院彙報對博斯普魯斯人的遠征，就連凱旋慶典也被他婉拒了。從此之後，沒有任何一位地位與阿格里帕相似的人舉行凱旋慶典。可是，這卻是奧古斯都賜予阿格里帕的榮耀，而當初文提狄烏斯首次擊敗帕提亞人時，安東尼並未給予他這一殊榮。——孟註

對於授予羅馬公民權一事，奧古斯都的態度偏向收緊，⑬他還制定法律，防止出現過多的釋奴。⑭他在遺囑中告誡後人要嚴守這兩條規矩，並且不要試圖透過新的戰爭擴大羅馬帝國的疆域。

這三件事彼此緊密相關，既然不再有戰爭，當然也就不再需要新公民和新釋奴。

羅馬在接連不斷地進行戰爭時，需要持續不斷地補充人口。起初把被征服城市的居民遷移到羅馬來，接著，一些近鄰城市的公民爲取得選舉權而來到羅馬，由於此類移民數量太大，引起結盟城市的不滿，因而常常不得不將他們送回原籍。最終，大批移民從各個行省湧進羅馬城。法律鼓勵婚姻，甚至規定必須結婚。羅馬在戰爭中獲得數量奇多的奴隸，在戰爭中發了橫財的羅馬公民從各地購買奴隸。不過，出於仁慈、貪婪或軟弱，他們釋放了許多奴隸，⑮有人想獎掖忠心耿耿的奴隸，有人想以奴隸的名義領取共和國分發給貧民的糧食，另外還有一些人想讓送葬隊伍中多一些帶花冠⑯的人。人民幾乎全然由釋奴組成，⑰以至於這些世界主人居然大多出身於奴隸，初始階段如此，其餘所有時間亦然。

⑬ 蘇埃托尼烏斯：《奧古斯都》。——孟註

⑭ 狄翁：《奧古斯都傳》。——孟註

⑮ 狄奧努西烏斯．哈里卡納斯，第四卷。——孟註

⑯ 此處的花冠指一種小帽，是釋奴的標誌；不過，花冠同時也指一種戴在頭上的花環。——編註

⑰ 參閱塔西佗：《編年史》，第十三卷，第二十七章。——孟註（此註是一七四八年版增添。——編註）

幾乎全由釋奴及其子孫組成的人民的人數多到令人感到不安時，便將這些人派去開闢殖民地，殖民地的存在確保了行省對羅馬的忠誠。這是世界各地的一種人口交流，羅馬接受的是來自各地的奴隸，向各地輸送的則是羅馬人。

奧古斯都以選舉中發生騷亂爲由，爲羅馬城配備了一位總督和一支衛戍部隊。他讓軍團的隊伍成爲常設部隊，派它們駐守邊界，爲它們設立專項資金。他還下令以金錢取代土地，向老兵們支付軍餉。[18]

自蘇拉開始實行的土地分配制度有很多弊端，公民的財產所有權因此而變得不確定。如果不把同一中隊的士兵派駐同一地點，他們就對駐地不滿，結果是任憑土地荒蕪，而這些士兵也隨之成爲危險的公民。[19]然而，倘若把整個軍團派駐一地，野心分子就能在需要時找到成批的軍人反對共和國。

奧古斯都爲海軍設立固定的駐地。在此之前，羅馬人既無常設的陸軍，也無常設的水師。[20]奧古斯都的艦隊主要任務是保障往來於帝國各地的船隊安全，因爲羅馬人那時掌控著

⑱ 他規定，近衛軍士兵的酬金共為五千德拉克馬，服役三年後領取三千德拉克馬，二十年後再領取兩千德拉克馬。——孟註

⑲ 參閱塔西佗：《編年史》，第十四卷中關於被派駐塔蘭托和安齊奧的士兵的記述。——孟註（此註是一七四八年版增添。——編註）

⑳ 在一七三四年版中，此句為「在他之前，羅馬人從未有過水師。由於他們控制著地中海，而當時的航海僅限於地中海，所以他們不必擔心任何敵人」——編註

地中海。當時的海上航運僅限於地中海，羅馬人用不著擔心任何敵人。

狄翁說得有道理，從皇帝們開始當政，歷史就變得很難書寫了，因為一切都祕而不宣，各個行省上呈的所有文書都送進皇帝內廷，唯有皇帝們因愚蠢和張狂而不想隱瞞的事，方能為外人知曉，此外便只有歷史學家們的猜測了。

第十四章　提比略

河流無聲無息地緩緩沖刷用以防止河水氾濫的護堤，終於在一瞬間把它衝垮，把它所保護的田野淹沒；與此相似，最高權力在奧古斯都主政時期悄無聲息地逐漸確立，到了提比略主政時猛然顛覆一切。

羅馬有一種名爲尊嚴法的法律，用於處置攻擊羅馬人民的罪行。提比略看準此法並加以利用，但他不是按照制定此法的初衷來實行，而是用來對付他所仇視或不信任的人。他實行此法時所針對的不限於行動，而是還包括口頭言語、肢體語言和思想，因爲兩個朋友相互傾訴時說的話，是只能被視爲思想的。這樣一來，筵宴上不再有自由，親屬之間不再有信任，奴隸不再有忠誠；君主的虛情假意和言不由衷在人民群衆中廣爲傳播，友誼被視爲暗礁，坦誠被視爲冒失，美德被視爲矯揉造作，這就令人想起往昔的幸福時光。

在法律遮掩下披著公正的外衣施政，最酷烈的暴政莫過於此，不妨做這樣一個比喻：不幸的人們抓住一塊木板爬上了岸，有人卻用這塊木板把他們再次打落水去。

暴君從來不缺施行暴政的工具，時刻準備將所有被他懷疑的人一律判刑的法官，提比略隨時可以找到。①在共和國時期，元老院不審理私人案件，但受人民委託處置盟友受控的罪行。提比略把被他指控爲針對他本人的所有大逆罪案件交由元老院審理。元老院因此而陷入難以言表的卑躬屈膝狀態，元老們一個個爭先恐後地媚態百出，其中威望最高的那幾位，在

① 這句話和下一句話均是一七四八年版增添。——編註

塞亞努斯的庇護下做著告密者的勾當。

對於彌漫於元老院的這股奴顏之風，我認爲原因不止一個。凱撒擊敗共和派之後，他在元老院中的敵和友協同一致，竭力解除法律對他的權力的一切束縛，向他濫發各種榮譽和尊號；他的敵人如此行事是想把他搞臭，他的朋友如此行事則是拍他馬屁。狄翁告訴我們說，有人竟然提出建議，允許他占有他所喜歡的任何一個女人。正因爲如此，凱撒對元老院毫無戒心，以至於在元老院横遭非命。不過，此事也產生了另一種後果，那就是在此後的歷任主政者治下，再也見不到任何超越先例和激起公憤的諂媚。

羅馬在一人獨霸政權以前，首要人物都坐擁巨額財富，只是致富的途徑各不相同。但是到了帝政時期，這些人都失去了自己的財產。②富豪們不再給元老們大量饋贈，③來自外省的一切都歸凱撒所有，別人什麼也得不到，尤其在外省設置副省督職位之後，這個職位大體相當於今日法國的總督。然而，財富的源頭雖然被阻斷，開銷卻並未因此而停止，生活還得照樣繼續下去，在生計維艱的狀態下，只得仰仗皇帝的恩典來維持生活了。

---

② 在一七三四年版中，此註如下：「到了奧古斯都時期，大人物們都已成了窮人，誰也不想再做官，不少人甚至連元老也不想當了。」——編註

③ 被刪除的註腳：羅馬的顯貴在奧古斯都執政時期已經變窮了，許多人不再想做官，不少人甚至連元老院的席位也不想爭取了（一七三四年版）。——編註

奧古斯都剝奪了人民制定法律和審理危害公衆罪的權力，不過，他爲人民留下了或者說至少表面留下了選舉官員的權利。提比略懼怕人數衆多的人民會議，遂將人民的這一權利剝奪，轉而交給元老院，也就是交給他自己。④但是，人們或許很難相信，人民權利的喪失在很大程度上導致了顯貴們精神墮落的結果。人民享有選舉官員的權利時，官員們爲了拉票雖然在人民面前低三下四，但是，這種不太光彩的行爲往往以冠冕堂皇的舉措加以掩飾，例如請客吃飯，贈送錢物等等。用意雖然卑劣，手段卻多少還算高尚，因爲對於一個大人物而言，以慷慨解囊掙得人民的好感無可指責。可是，當人人都已囊空如洗、當君主以元老院名義把所有官職掌控在自己手中時，想要當官就只能憑藉邪門歪道了，諂媚、無恥乃至犯罪於是都成爲欲達此目的而使用的必要手段。

然而，提比略似乎絲毫不願讓元老院變得卑劣，最爲他詬病的莫過於元老院的奴才相，他在一生中始終對此極表厭惡。不過，他和大多數人一樣，想要的各種東西往往彼此無法相容，他的大政方針與他的個人喜好難以協調一致。他想讓元老院便宜行事，能讓大家尊重他的治理，可是，他又試圖讓元老院無時無刻不順從他的擔憂、嫉妒和憎恨；總之，作爲國務活動家的提比略始終敗在作爲人的提比略腳下。

④ 參閱塔西佗：《編年史》，第一卷；狄翁，第五十四卷。——孟註。（卡利古拉重建人民會議，隨後又將其廢除（一七三四年版）。——編註）

前文提及，人民曾從貴族手中爭得權利，使普通人民也能躋身官員隊伍之中，這些官員理所當然地會保護人民，使之不受有人可能施加的侮辱和不公。爲了確保這些來自普通人民的官員能夠行使治權，他們被宣布爲神聖不可侵犯，爲此還下令作出規定，凡以不正當的行動或語言對待保民官者，立即處以極刑。可是，保民官的權力落入皇帝手中之後，皇帝就有了保民官的特權，於是，被處死的人難以計數，告密者終於可以心安理得地經營他們的勾當，正如普林尼所說，大逆罪被隨意擴大，根本不應受到大逆罪指控的人，被指控犯了此罪。

不過我認爲，當年有些受到指控的大逆罪，並非我們今天所覺得的那樣荒誕可笑，如果當年羅馬人對於下述這些行爲的理解，與我們今天的理解相同，那麼我就無法想像提比略指控某人犯了大逆罪，只是因爲此人把皇帝的雕像連同房子一起賣掉了，⑤圖密善下令處死一位婦女，只是因爲她在他的畫像前脫衣，他下令處死一個公民，只是因爲此人把全球地圖畫在臥室牆上。我覺得，部分原因在於羅馬的政體發生了變更，以至於我們今天認爲無關緊要的事情，當時卻可能造成嚴重後果。之所以作出這個判斷，是因爲當今的某個國家縱然禁止爲某人的健康乾杯，⑥我們也不會懷疑這是一種暴政。

---

⑤ 提比略曾設法阻止這一指控，參閱塔西佗：《編年史》，第一卷，第七十三章。——編註

⑥ 在一七三四年版中，這句話為「這是一樁死罪」，這是影射對斯圖亞特派成員發出的禁令，禁令不准他們為詹姆

凡是有助於認識羅馬人民才做的東西，我不能有任何疏漏。他們習慣於服從自己的主人，習慣於認爲主人的與衆不同造就了他們的福祉，故而他們在日爾曼尼庫斯死後，對他所表示的哀悼、痛惜和絕望之情，我們今天再也見不到了。不妨讀一下歷史學家們對公衆悲痛的描述，⑦這是一種如此巨大、長久、難以抑制的悲痛，而且絕非虛情假意，因爲人民作爲一個整體是不會矯揉造作、阿諛奉承、以假亂眞的。

不再參與國事的羅馬人民幾乎全都是釋奴或沒有手藝的人，他們的生活全然仰賴於國庫，深感自己無能爲力，像婦孺一樣爲自己的孱弱而灰心喪氣，他們在政治上已經無所作爲，只能把自己的恐懼和希望寄託在日爾曼尼庫斯身上，此人被除掉後，他們就墜入絕望的深淵了。

最懼怕厄運者莫過於能夠平靜面對悲慘生活條件的那些人，他們本應與安德羅馬克⑧一起說道：「但願上帝讓我害怕吧！」如今在那不勒斯有五萬人⑨以草根爲食，他們的全部財產便是一件破爛得僅剩一半的布衫，這些全球最潦倒的人糊塗而又愚蠢，竟然因爲維蘇威火山冒出一縷煙而嚇得魂飛魄散，深怕自己變成不幸的人。

斯二世和詹姆斯三世的健康乾杯。——編註

⑦ 參閱塔西佗。——孟註

⑧ **Andromaque**，法國作家拉辛（Jean Racine, 1639-1699）的著名悲劇《安德羅馬克》中的主角。——譯註

⑨ 此處指義大利的無業遊民（Lazzaroni），孟德斯鳩在那不勒斯逗留時，他對這些人留下了深刻印象。——編註

第十五章　論諸位皇帝——從蓋烏斯·卡利古拉到安東尼

提比略之後繼位爲皇帝的是卡利古拉。有人在談到這位皇帝時說，既沒有比他更好的奴隸，也沒有比他更壞的主人。這兩件事其實彼此緊密相關，無論是面對他人獲得的無限權力，或是面對本人獲得的這種權力，受到強烈震懾的心態是完全一樣的。

卡利古拉恢復了被提比略取消的民會，①廢除了提比略所制定的專橫的大逆罪。我們由此可以作出判斷：壞君主在位早期的做法往往與好君主在位晚期的做法相似。因爲，新君往往對其前任們的舉措抱著一種矛盾心態，從而促使新君延續前任基於美德所做的那些事，不少良法和惡法都源於這種矛盾心態。

羅馬人從中得到好處了嗎？卡利古拉取消了對大逆罪的指控，但是，他卻用軍事手段②把他不喜歡的人殺掉了。他所憎恨的不是元老院裡的某幾個人，而是整個元老院。他把利劍高高懸在元老院頭上，以一網打盡對其進行威脅。

皇帝們這種駭人聽聞的暴戾，源自羅馬人的普遍精神。他們突然被置於專橫的統治之下，在爲君與爲奴之間幾乎找不到任何中間地帶，沒有任何溫和的漸進措施讓他們對這種突然過渡做好準備，殘暴的秉性依舊如故，公民們今天受到的對待，不但與過去他們對待戰敗者一模一樣，而且與戰敗者一起接受統治。蘇拉進入羅馬時和進入雅典時完全一樣，他所行

---

① 卡利古拉後來又把民會取消了。——孟註（此註是一七四八年版增添。——編註）

② 即法外手段。——編註

使的是同一種萬民法。對於那些在不知不覺中淪為屬地的國家來說，倘若無法可依，就得繼續依靠習俗理政。

由於持續不斷地觀看殘忍的角鬥場景，羅馬人變得極度殘暴。我們注意到，克勞狄因經常觀看這種角鬥表演而愈發嗜血。這位秉性溫和的皇帝竟能做出這許多殘忍的事來，這就充分說明，他那時的教育與我們當今的教育大不相同。

羅馬人習慣於在自己的孩子和奴隸身上玩弄人的本性，所以根本無法認識被我們稱為人道的這種美德。③若問我們在殖民地居民身上看到的殘忍秉性來自何處，難道不是因為他們對人類中一部分可憐的人經常不斷地濫施懲罰嗎？民事管理既然充滿殘忍，難道還能期望合乎自然的和諧與公正嗎？

我們在記述歷代皇帝的史書上無數次讀到，他們為沒收財物而處死的人多得難以計數，而在現代歷史上則完全找不到類似現象。正如前面說過的那樣，其原因可能在於我們今天的秉性比較溫和，宗教更具有抑止功能。另外，現在已經沒有在全世界搜刮財富的元老家族需要剝奪了。我們擁有的財富不多，這一點帶來的好處是這些財富更加安全，掠奪者犯不著為

③ 參閱羅馬法關於父親和主人權力的規定。——孟註（在一七三四年版中有更精確的提示：「參見查士丁尼《法學階梯》第一卷中關於……」——編註）

這一點點財富對我們痛下毒手。④

羅馬人民，也就是被稱作平民的那些羅馬人，連那幾個最壞的皇帝也不憎恨。從他們不再享有任何政治權力，不再從事征戰之時起，羅馬人民就卑劣得出奇，實爲所有民族中所少見。在他們看來，只有奴隸才從事商業和手工業；有了分配給他們的糧食，他們就讓耕地荒蕪；他們已經習慣於競技和觀劇。既然不必再聽取保民官的述職，也不必再選舉官員，競技和觀劇這類閒事就成爲不可或缺的活動，整日無所事事更使他們對此類活動的興趣日濃。羅馬人民之所以懷念卡利古拉、尼祿、康茂德和卡拉卡拉，正是因爲這些皇帝個個都癖好此類活動。老百姓喜歡的嬉戲，他們都迷得發瘋，並且運用他們的全部權力爲老百姓的歡娛作出貢獻，甚至親自參與其中，他們不惜把帝國的所有財富都用於老百姓的歡娛，而當財富耗盡時，人民心安理得地眼看著所有大家族被恣意掠奪，享受著暴政結出的果實，而且是毫無風險地享受，因爲他們在卑劣中找到了安全。這些君主理所當然地憎恨品德高尚的人，知道自

④ 勃艮第公爵在葡萄牙擁有巨額財富，當他舉旗造反時，有人向葡萄牙國王表示祝賀，因為他即將有大批財產可以沒收。——孟註

己的所作所爲不會得到這些人的贊同，⑤他們因品行高尙者的反對或沉默而憤恨，⑥陶醉於小民們的喝彩聲，進而以爲公衆的福祉來自於他們的政績，除非別有用心，否則誰也不會詬病他們對國家的治理。⑦

卡利古拉對於自己的殘忍是一個貨眞價實的詭辯家。他的前任安東尼和奧古斯都爲他作出了榜樣。他說，執政官們若是在爲亞克興戰役的勝利而設立的紀念日舉辦慶祝活動，他就要懲處這些執政官，他又說，他們若是在這一天不舉辦慶祝活動，他也要懲處他們。

---

⑤希臘人有一些搏鬥比賽，參加這些搏鬥是體面之舉，在搏鬥中戰勝對手是一種榮耀。羅馬人卻只有觀劇，唯一的例外是角鬥士血腥的廝殺。然而，一個大人物無論下到角鬥場或是登上舞臺，都不為羅馬人的莊重舉止所許可。老百姓用倒彩聲和掌聲表示對一些藝人的厭惡，而法律則禁止元老們與這類藝人有任何聯繫，在這種情況下，元老們應該如何處置呢？然而，有幾位皇帝居然出現在角鬥場和舞臺上。這種瘋狂的舉動彰顯了他們極度錯亂的內心，說明他們鄙視美和善，歷史學家們往往把此類離譜的舉動視為暴政的特質之一。——孟註

⑥在一七三四年版中，此處有註如下：「戲劇中的放蕩風氣無法為敦厚的民風所接受，所以在正經人的眼裡，優伶是一種被人鄙視的職業。」——編註

⑦下列文字在一七四八年版中被刪除：「當皇帝展示其力量和技巧時，例如康茂德當衆不費吹灰之力輕巧地殺死一頭牲畜後，獲得了民衆和士兵的讚賞，因為力量和技巧是當時掌握軍事技藝所必備的素質。」相應的註腳也被刪除：「角鬥士的出身和職業都為人所不齒，他們都是奴隸或罪犯，被迫在顯貴的喪禮上進行角鬥，直至死亡。然而，由於角鬥與打仗頗為接近，所以民衆把角鬥僅僅視為一種狂暴的活動，因而十分著迷。皇帝、元老、顯貴，甚至婦女都出席觀賞。當然，羅馬人對於田徑運動也同樣熱衷。」一七三四年版的此段後面的三節文字，在一七四八年版中被移至第二章。參見第二章的註⑩。——編註

被他授予神祇尊號的德魯西拉死了，誰若爲她哭泣就是犯罪，因爲她是女神，誰若不爲她哭泣也是犯罪，因爲她是卡利古拉的同胞姐妹。

在這裡不妨放眼看看光怪陸離的人間萬象。在羅馬的歷史上，我們看到各種各樣的戰爭、遍地流淌的鮮血、慘遭殺戮的民族、宏偉輝煌的事業、凱旋慶典、政治、智慧、審愼、堅定、勇氣，所有這一切都多得難以計數！掌控一切的計畫制訂得如此周密，執行得如此堅決，完成得如此圓滿，結果如何呢？僅僅讓五、六個惡魔心滿意足？什麼？元老院抵制了那麼多濫用權力的國王，難道竟然是爲了臣服在那幾個最無賴的公民腳下，用自己制定的法規毀滅自己嗎？加強權力難道竟然是爲了更方便地使之傾覆嗎？殫精竭慮地強化政權的那些人，難道竟然是爲了讓它最終落入幸運者手中，掉過頭來對付自己嗎？

卡利古拉被謀殺後，元老院開會商討確立一種政體形式。正在開會之際，幾個士兵闖進會場大肆劫掠，他們在一個陰暗的角落裡發現了瑟瑟發抖的克勞狄，當即擁戴他爲皇帝。克勞狄將審判權授予他的官吏們，就此終結了先前的政治體制。⑧馬略和蘇拉之所以發

⑧ 奧古斯都設立了行省行政長官一職，但這些官員沒有任何司法權，一旦有人不服從，他們只能求助於行省總督。但是在克勞狄執政期間，這些地方行政長官都領有普通司法權，而且可以審理稅務訴訟，於是，公衆的財物就都落入他們手中。——孟註（此註是一七四八年版增添。——編註）

動戰爭，主要目的就是想弄清楚，執掌審判權的究竟應該是元老院還是騎士。⑨一個笨蛋一拍腦袋就把審判權抓過來，既不給元老院，也不給騎士；一場燃起遍地戰火的爭端就這樣莫名其妙地收場了！

擁有最絕對權威的人，莫過於共和政體消亡後的君主。因爲他們繼承了當年人民所擁有的權力，而人民並未對自己限權。所以我們看到，當今歐洲最專橫的君主，非丹麥國王莫屬。⑩

元老院和騎士卑躬屈膝了，人民也低三下四。在帝政時代之前，人民曾經何等驍勇尚武，在羅馬城裡徵召的士兵瞬間就軍容整齊地衝向敵陣。在維特里烏斯和維斯帕先進行的兩場內戰中，羅馬軍隊成了野心家瞄準的獵物，滿營都是怕死鬼，敵方士兵第一個衝擊波尚未迫近，就已經嚇得魂飛魄散。

皇帝們的處境也未必多好。由於既有權力又有膽量推舉皇帝的軍隊不止一支，某人一旦被推舉爲皇帝，必定會讓別人心生厭惡，這些人立即就會選定一個人來與皇帝一爭高下。

所以，正如廣袤的疆域對共和政體有著致命作用一樣，廣袤的疆域對於皇帝們同樣生死攸關。皇帝們需要保衛的如果是一個小國，擁有一支軍隊就足夠了，因爲軍人們既然推舉這

---

⑨ 參閱塔西佗：《編年史》，第十二卷。——孟註

⑩ 一六六〇年革命之後。——編註

些人爲皇帝，自然會尊重他們自己造成的結果。

軍人⑪與凱撒家族生死與共，因爲凱撒家族是政治巨變可能給軍人帶來的一切好處的保障。終於消滅了羅馬的所有大家族之後，凱撒家族隨後也毀在尼祿身上。不斷受到打壓的文人政權處於無力與軍事政權抗衡的狀態，每一支軍隊都想擁立一位皇帝。

且讓我們對各個時期做一番比較。提比略在執政初期從元老院那裡什麼好處沒有得到？⑫他獲悉伊利里亞和日爾曼尼亞的軍隊叛變的消息後，滿足了叛變者的一些要求，並且支持他們要求元老院解決其他要求，⑬向他們派去了幾位元老院代表。那些不再懼怕權力的人對權威依然保持著敬畏。當參與叛變的士兵得知，皇帝的兒子和元老院的特派員在羅馬軍隊中面臨著死亡威脅時，⑭這些士兵竟然後悔不已，乃至想要懲罰自己。⑮可是當元老院被澈底剝奪權力時，卻是人人無動於衷。奧托對他的士兵們大談元老院的尊嚴，絲毫沒有效

⑪ 此節是一七四八年版增添。——編註
⑫ 參閱塔西佗：《編年史》，第一卷。——孟註
⑬ 同上註。
⑭ 參閱日爾曼尼庫斯的演說，見塔西佗：《編年史》，第一卷。——孟註
⑮ 下面談到了以強制手段獲得到特權（塔西佗：《編年史》，第一卷）。——孟註

果；[16]維特里烏斯派出元老中的重量級人物去與維斯帕先媾和，[17]同樣毫無結果。國家機構被剝奪已久的尊嚴不可能在頃刻之間被歸還。這些元老院代表被軍人看作是被他們一腳踢開的那位主子的最卑劣的奴才。

羅馬人有一個古老的習俗，凱旋者要給每個士兵發一點錢，數目很小。[18]這筆錢的數量在內戰中有所增加。[19]這筆賞金來自先前從的人那裡奪來的錢，可是到了不景氣的時候，這筆錢改由公民提供，即使沒有任何戰利品，士兵們依然想要分得一份。

過去僅在戰爭結束之後才分發賞金，尼祿一改舊例，平時也分發賞金。士兵們已經習慣於這一做法，因而對加爾巴大爲不滿，因爲他直截了當地對士兵們說，他懂得如何挑選士兵，但不會花錢買士兵。

加爾巴、奧托[20]和維特里烏斯猶如曇花一現。維斯帕先和他們一樣也是由士兵擁戴而當

---

⑯ 參閱塔西佗：《歷史》，第一卷。——孟註

⑰ 同上。

⑱ 參閱李維所記述的各次凱旋慶典中分發的總數。將領們認為，大批錢財應該交給國庫，分發給士兵的只應是少量。——孟註

⑲ 在某一時期，由於征戰的規模擴大，將領們也隨之更為慷慨，但是即使此時，每個士兵分得的也不過區區一百德尼埃。凱撒則不然，他發給每位士兵的賞金高達兩千。安東尼和屋大維以及布魯圖斯和凱西烏斯此後全都遵從凱撒的先例。參閱狄翁和阿庇安的相關著作。——孟註

⑳ 參閱塔西佗：《歷史》，第一卷。——孟註

上皇帝的。在他之前的六位皇帝個個都是殘忍的暴君，性格暴躁，而且愚蠢低能，更爲糟糕的是，這六位皇帝一個比於一個還要揮霍，簡直到了不可理喻的地步；維斯帕先在他整個執政期間，一心想要做的就是重振帝政。

提圖斯繼維斯帕先爲帝，羅馬人民深感欣慰。但是，圖密善卻是又一個惡鬼，即使不比他的所有前任更殘酷，至少更無情，因爲他更加怯懦。

他最親近的釋奴們，有人甚至說連他的妻子都覺得與他相處十分危險，被他視爲仇敵固然如此，被他視爲朋友也是一樣。他的猜疑和指控沒有任何界限，所以大家都想搞掉他。密謀者們動手之前物色了一個繼承者，那就是可敬的老者涅爾瓦。

涅爾瓦的義子圖拉眞稱得上是一個無懈可擊的人，爲歷史所僅見，出生在他的治下是福分，羅馬人的幸福與光榮莫不以圖拉眞的治國爲最。他是一位偉大的國務活動家和統帥，他有一顆爲民謀福的善良的心，一個能辨明通向至善之路的聰明頭腦，一種崇高、偉大和美好的心靈，他還具有所有美德，從不走入任何極端；總而言之，他是弘揚人類本性和體現神性的最佳人選。

他執行了凱撒的計畫，戰勝了帕提亞人。這是一場時刻面對危險的戰爭，人力和資源遙不可及；這又是一場必須取勝的戰爭，而且即使大獲全勝也難保自己不捐軀沙場；如果不是他而是另一位皇帝，肯定會知難而退。

困難在於兩國的地理形勢和兩國人民的作戰方法。如果借道亞美尼亞，朝著底格里斯河和幼發拉底河源頭方向前進，就會途經一個多山和通行困難的地區，無法使用輜重車輛，部隊尚未抵達米底就會損兵折將一半。㉑如果取道尼西比向南方進發，那就會遇到一個把兩國分隔開的令人望而卻步的荒漠。若是經由美索不達米亞更南面的地帶，就會遇到一個既荒蕪又有沼澤的地帶，由於底格里斯河和幼發拉底河從北向南流，軍隊不遠離這兩條河就無法深入這個地區，然而，如果遠離這兩條河，就難以逃脫全軍覆滅的下場。

就兩國的作戰方法而言，羅馬軍隊的優勢在於步兵，這是一支全世界最強大、最難以戰勝、紀律最嚴明的軍隊。

帕提亞人幾乎沒有步兵，但是有一支精良的騎兵，他們作戰時與對方保持較大距離，羅馬步兵所持武器難以搆到他們，投槍的命中率也極低。帕提亞騎兵使用的武器是可怕的弓箭，他們對羅馬的步兵採取圍而不攻的戰術。對他們進行追擊是徒勞無效之舉，因爲對他們來說，逃跑就是戰鬥，他們視敵方接近的程度來撤退人馬，僅在防地留駐少量衛隊，敵方一旦占據這些防地，就不得不將其摧毀。他們巧妙地縱火燒毀敵軍四周所有地方，寸草不留。總之，他們的戰法與我們當今在這些邊境地區的戰法一樣。

再則，從伊利里亞和日爾曼尼亞調來參戰的軍團極不適應，㉒在本國進食量很大的士

㉑ 當地因缺乏樹木而難以製造圍城器械。見普魯塔克：《安東尼傳》（*Vie d'Antoine*）。——孟註

㉒ 參閱希羅蒂安：《亞歷山大傳》（*Vie d'Alexandre*）。——孟註

兵，來到前線後幾乎全都死於饑餓。

沒有一個民族能夠逃過羅馬人的桎梏，然而，帕提亞人做到了，倒不是因爲他們不可戰勝，而是因爲羅馬士兵的武器搆不到他們。

哈德良放棄了圖拉眞征服的土地，㉓把幼發拉底河當作羅馬帝國的邊界。令人讚歎的是羅馬人在多次戰爭之後，失去的都是他們不想保留的地方，猶如海洋只有在它自行後退時，面積才變小。

哈德良的舉措招致許多非議。據羅馬人的聖書記述，塔克文想要修建坎皮托里奧時發現，最合適的場地已經被許多其他神明的雕像所占，他運用占卜知識自行探問，這些雕像是否願意讓位給朱庇特。除了戰神瑪爾斯、青春女神赫柏和邊界神特米努斯，其餘諸神全都同意。㉔由此產生了宗教上的三種說法：戰神瑪爾斯絕不讓出他所占有的地方；羅馬青春女神不可戰勝；羅馬的邊界神永不退卻；然而，哈德良主政時卻發生了羅馬邊界後退的事。

㉓ 參閱歐忒洛庇的著作，達基亞在奧里略執政時才被放棄。——孟註（此註是一七四八年版增添。——編註）

㉔ 聖—奧古斯丁：《上帝之城》，第四卷，第二十三、二十九章。——孟註

第十六章　從安東尼到普羅布斯執政期間的羅馬

在這段時間中，①斯多葛學派在帝國境內廣泛傳布，名聲大噪。這個備受讚譽的學派的產生似乎是基於人性所作的努力，它如同那些鑽出土層的植物，生長在日光從未照到的地方。

羅馬人得以擁有一些好皇帝，不得不歸功於這個學派。能夠讓人忘記大安東尼的人，唯有他的義子馬可．奧里略。當我們說起馬可．奧里略這位好皇帝時，心頭暗暗感到一陣喜悅。閱讀他的傳記時不免有點感動，一個人之所以給自己佳評，那是因爲他給他人佳評，這就是這位皇帝的傳記給我們的啓示。

涅爾瓦的智慧、圖拉眞的榮耀、哈德良的品行，兩位安東尼的美德，都受到士兵們的尊敬。然而，當新上臺的惡鬼們取代他們的位置之後，就在各個方面濫用軍事政府的權力，爲獲得新的賞金，曾出賣帝國的士兵們於是殺死了這些皇帝。

據說世界上有這樣一位君主，②他苦苦經營十五年，爲的是在他的國家裡廢除民政政府，代之以軍政政府。我不想批評這個令人作嘔的計畫，只是想說，就事物的本質而言，爲保衛君主的人身安全，兩百名衛士完全足夠，無須爲此動用八千人，更不必說，防範武裝的

---

① 孟德斯鳩撰寫本章的主要依據來自《奧古斯都傳》，以及狄翁．凱西烏斯、希羅蒂安和佐西穆斯的著作。——編註

② 此處指普魯士的腓特烈．威廉一世（一七一三—一七四〇年在位）。——編註

人民比防範沒有武裝的人民更加危險。

康茂德繼其父馬可．奧里略之位成爲皇帝，此人是個惡魔，不但自己隨心所欲，還讓他的大臣和寵佞們爲所欲爲。人們把康茂德除掉後，擁戴可敬的老者佩蒂奈克斯爲帝，但是時隔不久，他又被近衛軍士兵殺死。

帝國被拿來拍賣了，狄迪烏斯．猶利安以其承諾贏得皇位。此事招致世人一片反對之聲，因爲，帝國儘管多次被收買，卻從未討價還價。佩申紐斯．尼格爾、塞維魯斯和阿爾濱都被擁戴爲皇帝，猶利安因沒有兌現支付鉅款的承諾而被士兵拋棄。

塞維魯斯擊敗了佩申紐斯．尼格爾和阿爾濱。他具有一些優良的素質，但一位君主的首要美德——溫和，他卻不具備。

與當今君主相比，當年的羅馬皇帝更能顯示其暴君權力。他們囊括了當時羅馬所有官員的權力，皇帝其名，獨裁者其實，諸如保民官、副執政官、檢察官、大祭司等都加諸一身，如果願意，他們還可以執掌執政官的權力，所以他們也時常主持賞罰事宜。一種權力是否屬於濫權，人民往往依據權力的大小作出判斷，因此，人民常常懷疑被皇帝判刑的人其實是受迫害。歐洲的君主是立法者而不是司法者，是君主而不是法官，所以，他們不行使這種很容易令人憎惡的權力，而是把判刑的權力交由專門的法官去行使，他們自己則僅僅行使赦免權。

比提比略和塞維魯斯更眷戀權力的皇帝爲數寥寥，然而，這兩位皇帝卻極不光彩地受制於人，管束提比略的是塞亞努斯，管束塞維魯斯的是普勞提亞努斯。

蘇拉③創立的放逐制度成爲被人詬病的習俗，並在皇帝們執政時期繼續執行，未曾執行這項制度的皇帝居然被視爲品德高尙，因爲大臣和寵佞們虎視眈眈地盯著沒收財產，總是喋喋不休地提醒皇帝，放逐是何等必要、仁慈是何等危險。

塞維魯斯執行放逐政策的結果是，尼格爾的多個士兵④跑到帕提亞人那裡。⑤他們向帕提亞人傳授技藝，教他們使用及製造羅馬人的武器，致使這些以往只會防禦的帕提亞人，後來幾乎總是氣勢洶洶地進犯他人。⑥

值得一提的是，在接二連三的這些內戰中，亞細亞軍團的統帥幾乎總是被歐洲軍團的統帥擊敗。⑦史書還告訴我們，塞維魯斯率領下的軍團因發生叛變而未能攻克阿拉伯的阿特拉

---

③在一七三四年版中，本節位於上兩節前面。——編註

④希羅蒂安：《塞維魯斯傳》。——孟註

⑤亞歷山大即位後繼續執行放逐政策。阿塔薛西斯復興波斯帝國後，讓羅馬人刮目相看，羅馬士兵任性而又放縱，一路燒殺朝他奔去。（狄翁，第八十卷，《希菲林傳略》〔*Abrégé de Xiphilin*〕）。——孟註

⑥也就是他們後面的波斯人。——孟註

⑦塞維魯斯打敗了尼格爾的亞細亞軍團，君士坦丁擊敗了李錫尼。維斯帕先雖然被敘利亞軍隊宣布為皇帝，但是在他率領下與維特里烏斯對壘的，僅限於來自默西亞、潘諾尼亞和達爾馬提亞的軍團。西塞羅是政府成員之一，他寫信給元老院說，不能對徵召亞細亞兵員抱有希望。佐西穆斯說，君士坦丁僅用騎兵就戰勝了馬克桑斯。關於此事，參閱本書第二十二章第七段。——孟註（此註是一七四八年版增添，用以替代下一個註腳的第二段。——編註）

城，致使他不得不使用敘利亞軍團。

自從開始在外省徵兵，⑧上述差異很快就顯現出來，不僅如此，軍團之間的這種差異與不同民族之間的差異大體一致。各個民族由於天賦和受教育程度不同，作戰能力也各不相同。

在各個行省徵兵帶來了另一個後果：通常都是行伍出身的皇帝大多是外邦人，有的甚至來自蠻族。羅馬於是不再是世界的主人，不過它倒是接受了全世界的法律。

每位皇帝都或多或少爲羅馬帶來了自己家鄉的東西，諸如風尚、習俗、管理、信仰等等，埃拉加巴盧斯甚至想要毀掉羅馬人的所有崇拜對象，把所有神祇搬出神殿，以便安置他自己崇拜的神祇。

這樣一來，對於羅馬帝國的民衆來說，再也沒有什麼東西是外來貨了，大家都已經習慣於皇帝願意引進的所有習俗；這種情況爲基督教在羅馬立足提供了十分有利的條件，而與神所選擇的不爲他人所知的祕密途徑沒有多少關係。

---

⑧ 奧古斯都將各軍團的部署固定下來，分駐各個行省。起初只在羅馬徵兵，接著擴大到拉丁地區，然後再擴大到義大利，最後擴大到各個行省。——孟註（在一七三四年版中，此註還有「西塞羅也是政府成員，他寫信給元老院說：『你們不能指望在這些地區徵兵；負責在亞細亞徵兵的比布魯斯什麼也沒有做。』被敘利亞和猶太軍隊擁戴為國王的維斯帕先，在對維斯特利烏斯作戰時，只使用默西亞、潘諾尼亞、達爾馬提亞軍團。塞維魯斯擊敗了尼格爾的亞細亞軍團，君士坦丁擊敗了盧齊尼烏斯的亞細亞軍團。」——編註）

衆所周知，羅馬人曾把外邦的神帶到羅馬城來，他們以勝利者的姿態在凱旋慶典中讓遊行隊伍帶著這些神。然而，當外邦人自己把神送來時，羅馬人就不幹了。我們還知道，羅馬人習慣於用羅馬諸神的名字，稱呼與之最相近的外來神。不過，外邦祭司若是想讓羅馬人供奉保留原名的外來神，羅馬人就接受不了。這也是基督教在羅馬遭遇的諸多障礙之一。

我們應該把卡拉卡拉稱作人類毀滅者，而不只是暴君，因爲卡利古拉、尼祿和圖密善僅在羅馬施暴，卡拉卡拉卻讓殘暴遍布全世界。

塞維魯斯執政時間很長，他在此期間巧取豪奪，放逐競爭對手的追隨者，借此積聚了巨額財富。

卡拉卡拉登上皇位便親手殺死其弟弟蓋塔，用金錢收買士兵，讓他們容忍他的罪行。這些士兵愛戴蓋塔，並且聲稱曾經向塞維魯斯的兩個孩子，而不是向一個孩子發過誓。

君主們搜刮到的財富所發揮的作用幾乎都極其惡劣，他們用財富腐蝕繼承人，使繼承人在金錢面前眼花繚亂、迷失方向，即使沒有背棄良心，至少敗壞了精神。繼承人立即作出宏大規劃，而支持這種規劃的卻是一種不能持久、瞬息即逝、不自然的力量，與其說是一種逐漸積聚的力量，毋寧說是一種因吹噓而膨脹的力量。

卡拉卡拉⑨提高了士兵的薪餉。馬克里努斯致函元老院指出，此次提薪總額高達七千

---

⑨ 此節及以下八節均是一七四八年版增添。——編註

萬⑩德拉克馬。⑪有跡象表明，這位君主言過其實，如果使用當年羅馬的比值，將當下法國軍隊的餉金與全國其餘公共支出作對比，這筆費用顯然非常巨大。

有必要看一下羅馬士兵領取的餉金究竟有多少，據歐洛希烏斯記述，圖密善將士兵的餉金在原有基礎上提高了四分之一，⑫據塔西佗書中的一位士兵說，⑬在奧古斯都身亡時，士兵的餉金是十盎司銅。蘇埃托尼烏斯則說，⑭凱撒把士兵的餉金增加了一倍。普林尼說，⑮第二次布匿戰爭時，餉金減少了五分之一。這就是說，在第一次布匿戰爭中，餉金是六盎司銅左右，⑯在第二次布匿戰爭期間是五盎司銅，凱撒時期是十盎司銅，⑰圖密善期間是十三

⑩ 七千米利亞德，狄翁在《馬克里努斯》中的記述。——孟註
⑪ 古代的德拉克馬就是羅馬的德尼埃，每枚重七分之一盎司，相當於法國馬克的七十六分之一。——孟註
⑫ 他提高了百分之七十五。——孟註
⑬《編年史》，第一卷。——孟註
⑭《凱撒傳》。——孟註
⑮《自然史》，第三十三卷，第十三條。不是把十盎司銅當作二十盎司，其實是當作十六盎司。——孟註
⑯ 據普勞圖斯在《鬧鬼》中的記述，士兵的餉金為三阿司。這裡的一阿司相當於十盎司銅。然而，倘若在第一次布匿戰爭中，餉金果真是不多不少的六阿司，那麼，在第二次布匿戰爭中減少的不是五分之一，而是六分之一，零頭不計。——孟註
⑰ 波利比烏斯用希臘貨幣換算，結果只差一個零頭。——孟註

又三分之一盎司銅。⑱下面說一點感想。

起初，共和國支付軍餉毫不費力，那時羅馬還是一個小國，年年打仗，年年都有戰利品，第一次布匿戰爭時，它把手伸到了義大利境外，戰爭曠日持久，大批軍隊需要維持，不舉債便無法支付軍餉。

在第二次布匿戰爭時，士兵的餉金減爲五盎司銅。那時大多數公民都願意自費服役，以領取餉金爲恥，所以，減少餉金不會帶來任何風險。

珀爾修斯和另外一些國王源源不斷地向羅馬輸送財物，促使羅馬停止徵稅。⑲此時公家和私人都相當富裕，出於謹慎的考慮，五盎司銅的餉金並未增加。

儘管從這份餉金中還得扣除糧食、衣著和武器的花費，但由於被徵招入伍的士兵大多來自殷實之家，所以這份餉金還是夠用的。

馬略開了徵招赤貧者服役的先河，此後便一直循此先例，致使凱撒不得不提高餉金。凱撒死後，餉金繼續提高，到了希提烏斯和潘薩擔任執政官期間，不得不重啓徵稅制

---

⑱ 參閱普勞圖斯和蘇埃托尼烏斯的《羅馬十二帝王傳．圖密善傳》：「讓缺乏羅馬貨幣知識的讀者也能明白。」他們的所說基本一致，不同的只是表示方法。我把幣值用銅來表示，為的是讓缺乏羅馬貨幣知識的讀者也能明白。——孟註

⑲ 西塞羅：《論義務》，第二卷。——孟註

度。

圖密善軟弱無能，把餉金提高了四分之一，不啻是給國家帶來巨大的損失。國家的不幸並非奢華之風盛行，而是奢華之風盛行在普通百姓中間，而他們本應僅僅生活在大自然所需的必要水準上。卡拉卡拉再次提高餉金之後，帝國陷入窘境，沒有士兵就不能繼續生存，要繼續生存卻又養不起士兵。

卡拉卡拉爲了降低因殺害弟弟而造成的恐怖感，把這位弟弟奉爲諸神之一。特別有意思的是，卡拉卡拉本人後來竟然也被照此辦理，馬克里努斯派人刺殺卡拉卡拉後，出於安撫因感恩於卡拉卡拉而對他的死陷於絕望的近衛軍，爲卡拉卡拉修建了一座廟宇，還配備了一些祭司。

因此，馬克里努斯死後的名聲還算不錯，由於元老院沒有對他進行審判，他與康茂德一樣沒有被列入暴君之列，其實要說誰是暴君，卡拉卡拉比康茂德有過之而無不及。⑳兩位偉大的皇帝哈德良和塞維魯斯各有所爲，㉑前者確立軍紀，後者廢弛軍紀。栽什麼樹結什麼果，哈德良之後多個朝代幸福而平靜，塞維魯斯之後則是一片恐怖。

卡拉卡拉對士兵出手極爲大方，其父臨終叮囑他說，讓打仗的人都富起來，不必替其他

---

⑳ 埃利烏斯．蘭普里狄烏斯：《亞歷山大．塞維魯斯傳》。——孟註

㉑ 參閱《希菲林傳略》和希羅蒂安的《塞維魯斯傳》。——孟註

人操心，卡拉卡拉一絲不苟地遵行了父親的忠告。

不過，這種政策只管用一代皇帝，新皇帝因花不起這許多錢而成了軍人的刀下鬼。我們因而看到，好皇帝總是死在軍人手下，壞皇帝則死於密謀或元老院的決定。

暴君若對軍人聽之任之，縱容他們欺淩和掠奪民衆，這種情況不可能延續到下一代皇帝繼位之後。因爲，軍人的胡作非爲最終會殃及他們自己，以至於領不到餉金。於是只能考慮重整軍紀，不過，敢於採取這種措施的人，最終都得付出生命作爲代價。

卡拉卡拉被馬克里努斯設伏殺死，軍人們爲失去這位生前極度慷慨大度的君主而絕望，於是選出埃拉加巴盧斯爲皇帝；㉒這位新皇帝耽於聲色犬馬，任由他們爲所欲爲，以至於連他們也看不下去了，於是動手殺掉他。被殺的還有試圖重整軍紀並且揚言要懲治軍人的亞歷山大。㉓

由此可見，㉔一個暴君能夠確保的並非自己的性命，而是犯下種種罪惡的權力，若說他

㉒ 在此期間，人人認為能到羅馬帝國去是件好事。參閱狄翁，第七十九卷。——孟註（此註是一七四八年增添。——編註）

㉓ 參閱蘭普里狄烏斯。——孟註

㉔ 在一七三四年版中，此處有註如下：「對士兵出手大方是共和國的一貫做法。凱旋的將領都要分賞給每個士兵幾個德尼埃，儘管不算多。在內戰中，士兵和將領一樣也腐化了，賞金雖然來自公民的財產，數量卻變得非常巨大了。凡是有戰利品，士兵都要求分得一點。凱撒、屋大維和安東尼賞給每個士兵的數額往往為五千德尼埃，賞給

擁有一個令人沮喪的優越性，那就是與那個力圖比他做得好的人相比，他只不過早死幾天而已。

亞歷山大之後被選爲皇帝的是馬克西米努斯。此人是第一位出身蠻族的皇帝，以身材高大、體魄健碩聞名於世。

馬克西米努斯和他的兒子都被士兵殺死。戈爾迪安一世和他的兒子戈爾迪安二世死在非洲，馬克西姆斯、巴爾比努斯以及第三位戈爾迪安死於非命，指使殺死第三位戈爾迪安的菲力浦，也殺死了自己的兒子。隨後繼位的德修則因伽魯斯的叛變而喪命。㉕

我們所說的這段時間中的羅馬帝國，其實是一種不正規的共和國，大體上如同阿爾及爾的貴族政體，握有最高權力的軍隊有權廢立被稱作戴伊的官員。在某種程度上，軍政府與其說是共和政體，毋寧說是君主政體，這或許是一種相當普遍的規律。

若說士兵們以他們的不服從和叛變爭得了對國事的參與權，這種說法不妥。皇帝們向軍人發表的演說，難道不就是從前執政官和保民官向人民發表的那種演說嗎？軍隊雖然沒有固

小頭目的更是高達一萬，其他人則按照比例多寡不等。羅馬的貨幣德尼埃等值為六個阿司或十個銅利弗爾。」
——編註

㉕加索邦（Casaubon, Issac）在關於羅馬史的著作中指出，羅馬帝國的一百六十年歷史中，共有七十人被正確和不正確地稱作皇帝。由此可發現羅馬帝國與法國蘭西王國的差異，法蘭西在一千兩百年歷史中只有七十位國王。
——孟註（加索邦的著作名為《註釋本奧古斯都傳》，出版於一六〇七年。——編註）

定的集會場所，行事沒有固定的方式，通常總是不那麼冷靜，說的很少，做的很多，國家命運不也最終掌握在他們手中嗎？由軍人一致決議選出的皇帝，難道不就是一個政權暴烈意志的執行者嗎？

菲力浦被軍隊選派參與國家治理時，㉖是第三位戈爾迪安皇帝的近衛軍長官，皇帝要求把全部權力交給他，但他未能如願。他向軍隊說項，要求與皇帝分享全權，還是未能如願。他懇求賦予他凱撒的頭銜，再次遭到拒絕。他要求擔任近衛軍長官，沒人理會他。最終他要求保全自己的性命。軍隊在各次決策中行使了最高行政治權。

在羅馬人眼裡，蠻族從陌生到討厭，最終變得可怕。羅馬幾乎征服了所有民族，堪稱世界上最不尋常的事件，所以當羅馬被征服時，彷彿全世界爲戰勝羅馬而產生了新的民族。

大國君主通常沒有幾個鄰邦能用來施展他們的野心，若有這樣的鄰邦，早就成爲羅馬人逐個征服的對象了。所以，這類國家大多被大海、高山和荒漠隔絕，窮得讓人瞧不起。正因爲如此，羅馬人未曾把森林中的日爾曼人和冰原上的北方人放在眼裡，於是，他們在那裡成長壯大，最終將羅馬人踩在腳下。

伽魯斯執政期間，許多民族蹂躪了歐洲，這些民族後來名氣很大；波斯人入侵敘利亞後，爲了保存戰利品而不得不撤離。

㉖ 參閱尤利烏斯．卡皮托利努斯。——孟註

這種來自北方的大批蠻族㉗如今已不復見。強悍的羅馬人把南方各族逼到北方去了，當他們尚有足夠力量抵禦時，他們留在原地不動，當他們的力量不足以抵禦時，就向各地遷移。㉘一百多年之後發生了同樣的事情，查理曼及其暴政再度把南方各族人民驅往北方；查理曼帝國變得孱弱後，這些已經遷往北方的民族再度返回南方。當今歐洲如果有一位君主像當年那樣大肆蹂躪，被驅趕到北方的各族人民定會背靠世界邊緣，堅守在原地，直到有一天以洪水之勢湧向南方，第三次征服歐洲。

帝位繼承引起的駭人聽聞的混亂無序已經達到頂點，在瓦勒瑞安努斯執政末期和他的兒子加里恩努斯執政期間，覬覦帝位的人多達三十個，他們彼此殘殺，執政時間極其短促，而且全都被冠以暴君名號。

瓦勒瑞安努斯被波斯人俘獲，他的兒子加里恩努斯疏於理政，蠻族於是乘虛而入。羅馬帝國當時的處境與百年後的歐洲相差無幾，㉙倘若不是因爲出現了一些有利的情況使它再度崛起，羅馬帝國早就徹底滅亡了。

入侵了幾乎整個亞細亞的波斯人，被羅馬的盟友帕爾米拉國王歐迪納特趕走。前來劫

㉗ 此段是一七四八年版增添。——編註

㉘ 於是就有了下面這個有名的問題：「北方的人口為何遠不如過去多？」——孟註

㉙ 一百五十年後，在霍諾里烏斯執政期間，蠻族入侵。——孟註

掠羅馬城的蠻族，被由羅馬公民組成的一支軍隊擊退，一支兵員極多的斯基泰軍隊搭乘六千艘船隻渡海而來，卻因海難、窮困、饑餓和人員衆多而澈底失敗。加里恩努斯被殺，奧勒里安、塔西佗和普洛布斯四位偉人十分幸運地先後執政，挽救了即將潰亡的羅馬帝國。

第十七章　國家政體的變化

士兵們①接連不斷地叛變，皇帝們於是與他們信得過的人聯手預防。戴克里先以國事繁重爲由，決定設立兩位皇帝和兩位凱撒，他的想法是，四支大軍分別由四位帝國大老統帥，就能彼此心存戒備，其餘軍隊的實力不足以擁立其統帥爲皇帝，就會逐漸失去推舉皇帝的習慣。再則，由於凱撒這個職位從屬於皇帝，爲政權的安全而由四人分掌的權力，其實整體上僅由兩人行使。

但是，對士兵來說更具抑止作用的是皇帝的賞賜，私人財富和國庫日益減少，皇帝無力再給士兵們以巨額賞賜，因而不足以促使士兵們冒險推動新的選舉。

另外，權力與職能大體相當於當時宰相的近衛軍長官，以往恣意殺死皇帝並取而代之，君士坦丁削弱了他們的權力和地位，僅把民事權力留給他們，並且由兩名增爲四名。

皇帝的性命開始更有保障，不再有死於非命之虞，他們彷彿因而變得略微溫和一些，不再凶殘地任意殺戮。不過，巨大的權力總會在某個方面超越界限，所以又出現了另一種暴政，只不過比較隱蔽罷了。不再是殺戮，而是極不公正的審判，是一些雖不判處死刑，但似乎是讓人生不如死的審判方式。宮廷被人掌控，卻以更加巧妙、精緻、不露聲色的手段進行統治。總之，不再膽大妄爲地策劃犯罪並急不可耐地付諸實施了，取而代之的是四處彌漫的卑劣者的種種邪惡和精心策劃的罪行。

---

① 孟德斯鳩撰寫本章和下一章的主要依據來自阿米安努斯·馬賽里努斯、拉克坦斯和佐西穆斯的著作。——編註

另一種新的腐敗出現了。早期的皇帝們喜愛享樂，後期的皇帝們喜愛安適。他們與軍人的交往減少了，更加閒散、更加依賴家臣、更加幽閉於內廷、更加遠離國務。宮廷愈是幽閉，就愈爲人憎惡。什麼都不明說，一切都要靠暗示。聲望卓著的人物無一不受到攻擊，大臣和將領無休止地受人擺布，而發號施令者卻是一批自己不能爲國家出力，卻又不讓別人爲國家建功立業的人。②

總之，親和力本是早期皇帝得以熟悉國事的唯一原因，如今也被澈底拋棄了。君主僅憑幾個親信的報告理政，這些始終衆口一詞的親信，偶爾似乎也有不同意見，但是對於君主而言，這些親信儘管人數不少，但實際上只等於一個人而已。

好多位皇帝曾在亞細亞駐蹕，由於長期與波斯諸王處於敵對狀態，他們竟然也想像波斯國王那樣受人敬仰。戴克里先，有人說是伽利埃努斯，特地就此頒發一份詔書。

這種亞細亞式的奢華和排場一經採用，衆人很快就習以爲常，當猶利安想要稍微簡樸和節儉時，有人竟然說他忘卻了自己的尊嚴，其實他只不過想要恢復老祖宗的做法而已。

馬可·奧里略之後，儘管同時有幾位皇帝共治，但帝國始終只有一個，在一個外省中，幾位皇帝的權威都得到承認，這就是說，幾個人行使一個人的權力。

但是，伽列里烏斯和君士坦提烏斯·克洛魯斯兩位皇帝各行其是，帝國於是眞的被瓜分

---

② 參閱作者們對君士坦丁和瓦倫斯的宮廷的描述。——孟註

了。③君士坦丁以此爲先例，採用伽列里烏斯而非戴克里先的做法，從而形成了一種慣例，這種慣例所帶來的不只是若干變化，而是一場革命。

再則，君士坦丁很想修建一座以他的名字命名的新城，這種虛榮心促使他決定把帝國中心的所在地遷移到東方去。儘管羅馬城內遠不如今天這樣大，但是城郊卻是相當寬闊，④確切地說，處處都有別墅的義大利是羅馬的一個花園，農夫都在西西里、非洲和埃及，⑤花匠則在義大利。土地幾乎全由羅馬公民的奴隸耕種。但是，帝國中心東移後，整個羅馬也都隨之東遷。顯貴們帶著他們的奴隸一起過去，而這些奴隸幾乎就是全體羅馬人民，義大利的人口因而驟減。

爲了讓新城絲毫不比舊城遜色，君士坦丁想在新城裡向居民分發糧食，爲此下令把糧食從埃及運到君士坦丁堡，把非洲的糧食運到羅馬。在我看來，這種做法並不明智。

在共和國時期，羅馬人民是各族人民的最高首領，當然分享稅賦，所以元老院起初以低價向羅馬人出售小麥，後來乾脆免費供應。共和政體變成君主政體後，儘管這種情況不符合

③ 參閱奧羅西烏斯，第七卷：參閱奧勒里烏斯．維克托。——孟註

④ 老普林尼寫道：「後來新建的建築把許多城市併入羅馬城」。《自然史》，第三卷。——孟註（此註是一七四八年版增添。——編註）

⑤ 塔西佗寫道，不過，義大利依然有所出產，把小麥輸往偏遠外省。不過，我們主要是在非洲和埃及耕作，而且更願意讓羅馬人民的生活面臨種種意外。——孟註

君主政體的原則，卻依然延續。由於改變這個弊端會帶來許多麻煩，因而未予觸動。然而，君士坦丁儘管毫無正當理由，卻把這種弊端原封不動地搬到新城去。

奧古斯都征服埃及時把幾代托勒密的財寶帶到了羅馬，此事產生的效應十分巨大，幾乎與後來西印度⑥的發現在歐洲引發的轟動效應一樣，也與當今某種可笑的制度⑦所造成的後果相差無幾。羅馬的收入倍增，⑧並繼續吸引來自亞歷山大的財富，而亞歷山大則吸收來自非洲和東方的財富，以至於黃金和白銀在歐洲變爲常見之物，百姓可以用貨幣來繳納巨額稅款。

羅馬帝國一分爲二後，財富流向君士坦丁堡。衆所周知，英國的礦藏此時尚未開採，⑨義大利和高盧的礦藏極少，⑩自從迦太基人到來之後，西班牙的礦山就不再開採，至少不如以前那樣高產了。⑪西方爲獲得東方的商品而輸出白銀之時，義大利除了被人廢棄的花園，

---

⑥ 此處指美洲。孟德斯鳩在《論西班牙的財富》一文中對此巨變作了闡述。——編註

⑦ 此處指約翰．勞在法國推行的金融制度。——編註

⑧ 蘇埃托尼烏斯：《奧古斯都》，奧羅西烏斯，第六卷。羅馬常常發生此類巨變。我曾說過，馬其頓的大量財富湧入羅馬後，賦稅曾一度停止。見西塞羅：《論義務》，第二卷。——孟註

⑨ 塔西佗在《日爾曼人的習俗》中鄭重地提及此事。我們大體上知道德國大部分礦山的開採時間。參閱湯瑪斯．塞斯萊伊貝魯斯關於德國哈茨礦起源的論述。我覺得，薩克森礦不如哈茨礦古老。——孟註

⑩ 參閱老普林尼，第三十七卷，第七十七條。——孟註（此註是一七四八年版增添。——編註）

⑪ 狄奧多羅斯說，迦太基人對於開礦很在行，而羅馬人則精於阻撓別人開礦。——孟註

已經一無所有，沒有任何辦法把白銀從東方吸引過來。黃金和白銀在歐洲成了稀罕物，可是皇帝們依然照舊徵稅，於是一切都完了。

政體形式確立已久，各種事務井井有條時，使之維持現狀是審慎的選擇，因爲，造成現狀的原因往往比較複雜甚至尚未釐清，這些原因既能造成現狀，也能讓現狀維持下去。但是，如果改變整個體制，那麼，能夠克服的僅僅是理論上的缺陷，其他缺陷則只能暫且不管，因爲唯有實踐才能發現這些缺陷。

所以，儘管帝國已經非常龐大，分裂卻依然能把它置於死地，因爲這個巨大軀體的各個部分長期共處，可以說已經完全適應這種共處一體、相互依賴的狀態。

君士坦丁削弱首府之後，⑫又對邊界實施打擊，把駐守各條大河沿岸的軍團調往多個行省。⑬此舉產生了兩個惡果，首先，阻隔各民族的屏障不復存在，其次，士兵因經常光顧馬戲場和劇場而喪失了銳氣。⑭

---

⑫ 對君士坦丁的評論並未冒犯教會作者們，作者們說，他們聽到的相關評論僅與這位君王的宗教虔誠有關，而與他治國無涉。見尤塞比烏斯：《君士坦丁傳》，第一卷，第九章。將參閱蘇格拉底，第一卷，第一章。——孟註

⑬ 索西穆斯，第七卷。——孟註

⑭ 基督教在羅馬立足之後，角鬥表演日益稀少，君士坦丁曾下令禁止，但據狄奧多羅斯和奧頓・德・弗里辛格記述，直到霍諾裡里烏斯執政時方才絕跡。羅馬人從以往的此類表演中所得到的僅僅是那些讓人喪失勇氣和助長逸樂的東西。——孟註。（以往士兵們入伍之前先被安排觀賞一場角鬥，讓他們習慣於鮮血、刀劍和傷口等血腥場

被君士坦提烏斯派往高盧的猶利安發現，萊茵河沿岸的五十座城市已被蠻族占領，⑮許多行省即將被蹂躪，那裡的羅馬軍隊僅剩一支影子部隊，一聽到敵軍二字就倉皇逃竄。

君士坦提烏斯憑藉智慧、堅忍、節儉、操行、品德和持續不斷的一系列果敢行爲，把蠻族再度趕跑；⑯在他此後的一生中，他的名字令蠻族嚇得不敢輕舉妄動。⑰

由於⑱皇帝們的執政時間比較短促，加上存在著各種政治派別和宗教，各種宗教內部還有各種教派，所以我們所了解的皇帝們的性格與本來面目相距甚遠。我僅舉兩個例子，在希羅蒂安的著作中，亞歷山大性格非常懦弱，可是在蘭普里狄烏斯筆下卻十分勇猛，東正教徒們高度讚揚格拉提亞努斯，菲羅斯托爾吉烏斯卻將他比作尼祿。

瓦倫提尼安比任何人更覺得有必要於恢復原有計畫，他畢生致力於鞏固萊茵河沿岸的防禦體系，並在那裡徵招兵員、修建堡壘、派駐軍隊並爲它們提供後勤支援。可是，世界上發生了一件事，促使他的弟弟瓦倫斯決定開放多瑙河，進而引起了極爲可怕的後果。

在亞速海、高加索山脈和裏海之間的地區，居住著多個民族，其中大多是匈奴人或阿蘭

面，不懼怕敵手。參閱本書第二章。——編註）

⑮ 阿米亞努斯·馬塞利努斯，第十六—十八卷。——孟註

⑯ 同上註。

⑰ 參閱阿米亞努斯·馬塞利努斯獻給這位君王的頌詞，第二十五卷；還可參閱安提奧奇《歷史》中的片斷。——孟註

⑱ 此節是一七四八年版增添。——編註

人。那裡的土地極其肥沃，他們酷愛打仗和搶劫，幾乎騎在馬上或是坐在小車上，遊蕩在他們封閉的地區裡，時而劫掠波斯和亞美尼亞邊境地區，但是由於亞速海大門⑲防守得很嚴，所以他們很難經由其他途徑侵入波斯。他們不相信自己能夠穿越亞速海，⑳因而對羅馬人所知甚少；當其他蠻族蹂躪羅馬帝國時，他們留在因無知而給自己圈定的邊界裡。

有人說，㉑塔納伊斯河帶來的泥沙在基美利亞博斯普魯斯堆積成一層硬殼，他們就從這層硬殼上走了過去。也有人說，㉒兩個年輕的斯基泰人在追逐一頭鹿時穿過了這個海峽，驚奇地發現那裡竟然是一片新的世界，於是返回原地告訴同伴說，他們發現了新地方；我甚至可以說，他們的感覺就像發現了西印度一樣。㉓

成群結隊的匈奴人紛紛渡海而去，把最先遇見的哥特人趕跑，這些民族緊接著爭先恐後地前往該地，亞細亞因而在與歐洲的較量中增強了力量。

受到驚嚇的哥特人奔向多瑙河，尋求一個落腳之地。瓦倫斯的佞臣們抓住這個機會，作

⑲ 指高加索中心地帶的狹窄通道。——編註
⑳ 普羅科庇烏斯：《祕史》。——孟註
㉑ 佐西穆斯，第四卷。——孟註
㉒ 喬南德斯：《普羅科庇烏斯的〈祕史〉》。——孟註
㉓ 參閱索佐梅諾斯，第六卷。——孟註

為一次勝利向他稟報，說是有一個民族前來保衛羅馬帝國，並將使帝國富強。㉔

瓦倫斯命令哥特人過來時不得攜帶武器，但是由於瓦倫斯手下的官吏受了賄賂，哥特人過來時攜帶任何東西都不受限制。㉕瓦倫斯下令分給他們土地，但是，哥特人不像匈奴人，他們根本不會種地。㉖原來答應給他們的糧食不再給了，他們雖然身處富庶之地，卻眼看就要餓死。由於他們手持武器，所以受到了不公平的對待。他們於是大肆劫掠，見到什麼搶什麼，從多瑙河一直搶到博斯普魯斯，把瓦倫斯及其軍隊統統消滅，隨後放棄已經被他們蹂躪得一片荒涼的地方，再次渡過多瑙河，返回自己的家鄉。㉗

㉔ 阿米亞努斯·馬塞利努斯，第二十九卷。——孟註

㉕ 接到瓦倫斯命令的那些官吏當中，有人耽於女色，有人被蠻族女子的姿色所誘，有人接受亞麻服裝和飾有花邊的被褥等賄賂；這些人唯一關心的事，就是讓自己家裡不缺奴隸、農莊裡不缺牲畜。見德克西普斯：《歷史》。——孟註

㉖ 參閱普里斯庫斯：《哥特人史》，書中對哥特人與匈奴人的這一差異講得很清楚。有人或許會問，那些不從事耕作的民族何以能夠變得相當強大，而美洲那些不從事耕作的民族卻弱小得很。這是因為游牧民族比狩獵民族容易解決生存問題。據阿米亞努斯·馬塞利努斯稱，匈奴人在早期居留地也不耕種，那裡牧草豐盛，又有多條河流保證水源，所以依靠畜群就能存活，就像今天居住在那裡的小韃靼人。匈奴人後來遷徙到別處，因水草等條件不如從前而無法以畜牧維生，於是開始從事農耕。——孟註

㉗ 參閱佐西穆斯，第四章；參閱德克西普斯：《君士坦丁的使團摘錄》。——孟註

第十八章　羅馬人採取的新準則

對於那些以入侵相威脅的民族，羅馬人之所以多次試圖以金錢進行安撫，①原因在於皇帝的怯懦和帝國的孱弱。和平是不能用來買賣的，因為，出賣過和平的人，一心只想讓人再次花錢收購和平。

寧可冒戰敗的風險，也不能花錢換取和平。一位長期抵抗之後才戰敗的君主，永遠會受到人們的尊敬。

況且，為換取和平而花的錢會變成貢賦，起初是自願交付，後來就會變為被迫交付，而且被視為一種既得權益。某位皇帝若想拒付或少付給某些民族時，這些民族就會變成死敵。此類實例不勝枚舉，比如，在猶利安率領下與波斯人對陣的軍隊，由於猶利安拒不支付已成慣例的酬金，②撤退途中遭阿拉伯人追擊。嗣後在瓦倫提尼安在位期間，由於付給阿拉曼人的禮物不如平常貴重，阿拉曼人大為惱火，這些已經懂得榮辱的北方民族，認為自己受到了侮辱而進行報復，於是打了一場惡戰。

羅馬帝國在亞細亞和歐洲的周邊民族，③一點一點地耗盡了羅馬人的財富。當初各國國

① 起初滿足士兵的一切要求，後來滿足敵人的一切要求。——孟註（此註是一七四八年版增添。——編註）
② 阿米亞努斯·馬塞利努斯，第二十五卷。——孟註
③ 阿米亞努斯·馬塞利努斯，第二十六卷。——孟註

王送來的黃金和白銀使羅馬帝國變得強大，④如今由於黃金和白銀流向其他國家，羅馬帝國變得愈來愈虛弱了。

國務活動家們所犯的錯誤並非總是出於本意，他們往往是在形勢逼迫下不得已而爲之，而且眼前的麻煩還會帶來新的麻煩。

正如大家所見，軍隊日益成爲國家的負擔。士兵得到的好處有三種：餉銀、賞金和外快。對於那些手裡把持著人民和君主的人來說，外快簡直已經變成了一種權利。

在無力支付軍餉的條件下，就得設法維持一支花費較少的軍隊。於是與一些蠻族簽署協定，因爲蠻族士兵不像羅馬士兵那樣驕奢，雖然不如羅馬士兵機靈，但也沒有羅馬士兵的奢望。

這樣做還有一個好處：蠻族士兵常常突然去到某地，在決定出發之前未作任何準備，所以羅馬很難及時在外省徵兵。羅馬人於是只得另徵一支蠻族部隊，一支隨時準備收取金錢、

---

④ 一位羅馬皇帝曾對頗有微詞的軍人說道：「你們不是想要財富嗎？瞧，那邊就是波斯，到那裡去找吧！請你們相信我，曾經擁有巨額財富的羅馬共和國，如今兩手空空，壞就壞在有人教唆君主花錢向蠻族換取和平。我們的國庫已經耗盡，城市被毀，各個行省都已變成廢墟。將靈魂純潔視為唯一財富的皇帝，不會把承認清白的貧困視為羞恥。」見阿米亞努斯．馬塞利努斯，第二十六卷。——孟註（此註最初的文字如下：「你想要反叛，我就去死；我已經不把生命當一回事了，有一點發燒就會喪命。我也可以下臺，因為我活到現在，幾乎從未有過自己的私生活。」——編註）

打劫和互鬥的蠻族部隊。這支部隊眼前確實幫了忙，但是接下來就不好辦了，對付這些助手絲毫不比對付敵人省事。

早期羅馬人絕不讓軍隊中此類輔助部隊多於羅馬人自己的部隊。⑤儘管所謂的盟友其實都是下屬，但是，羅馬人也不願意看到他們的下屬比他們自己更好戰。

但是到了後期，不但關於輔助部隊所占比例的規定已被打破，就連羅馬人自己的部隊中，也有大量的蠻族士兵。

他們過去藉以成爲世界霸主的做法被完全相反的做法取而代之，以往一貫的政策是不把自己的戰爭技藝外傳給鄰邦，如今恰恰相反，只讓外人掌握，自己反而不會了。

簡而言之，這就是羅馬人的歷史。他們以自己的準則征服了各族人民，然而，當他們征服了各族人民後，共和政體卻無法延續下去了，於是只得改變政體，新政體所應用的新準則與老準則截然相反，羅馬的偉大於是毀於一旦。

支配世界的不是命運，羅馬人可以爲此提供證明。當他們採用某一種辦法治國時，羅馬持續不斷地繁榮富強，當他們採用另一種辦法治國時，挫折接連不斷。對每一個國家都起作用的一些總體原因，使羅馬興起、維持或墜入深淵，所有偶發事件都受制於這些總體原因。倘若一場偶發的戰爭，即一個特殊原因把一個國家毀掉了，肯定有一個總體原因促使這個國

⑤這是韋格蒂烏斯的說法，據李維記述，輔助部隊的數量有時確實多於羅馬部隊，不過只多一點點。——孟註

家因一次戰敗而消亡。總而言之，所有個別偶發事件都是總趨勢帶動的結果。

我們看到，近二百年以來，丹麥的陸軍幾乎總是敗給瑞典陸軍。此事與兩個民族的勇氣以及他們的命運和武器無涉，而是丹麥軍人或文人政府中的一個缺陷導致的結果，至於這是什麼缺陷，我想應該不難發現。⑥

總之，羅馬人廢棄了軍律，甚至連武器也扔掉了。韋格蒂烏斯說，士兵們覺得武器太沉重，格拉提亞努斯皇帝於是准許他們不穿鎧甲，後來又准許他們不帶頭盔。這樣一來，士兵們的身體完全暴露在敵人面前，毫無防禦可言，於是只能設法抱頭鼠竄了。⑦

韋格蒂烏斯還說，羅馬軍隊丟棄了在營地設防的習慣，羅馬軍隊爲這一疏漏付出的代價是慘遭蠻族騎兵橫掃。

早期⑧羅馬軍隊中的騎兵數量極少，僅占一個軍團的十一分之一，甚至更少。他們的騎兵甚至比我們的騎兵還少，這一點令人費解，因爲我們常常需要圍城，而騎兵在圍城中發揮不了什麼作用。羅馬開始衰落後，幾乎只剩下騎兵。我覺得，一個民族愈是精於用兵之

⑥ 無政府狀態在一六〇〇年導致丹麥實行專制主義。參閱本書第十五章。丹麥是一個選舉制度王國，元老院中的寡頭們使君權陷於癱瘓。——編註

⑦《兵法簡述》，第二十章。——孟註

⑧ 此段是一七四八年版增添。——編註

道，就愈懂得步兵的重要性，反之，就愈會增加騎兵的數量。這是因爲，一支沒有軍紀的步兵，無論是重裝還是輕裝都毫無用處。騎兵則不同，即使在極度混亂中，騎兵也始終勇往直前。⑨騎兵的作用更多表現在迅猛和衝擊力方面，步兵的作用則體現在抵抗和堅守能力方面，也就是說是一種對敵方的行動作出反應的能力，而不是主動採取行動的能力。總之，騎兵的力量比較短暫，步兵的作用相當持久，不過，步兵只有軍紀嚴明才能持續不斷地發揮作用。

羅馬人之所以能夠號令所有各族人民，不僅憑藉其作戰技藝，也依仗其審愼、智慧、堅忍以及對光榮和祖國的熱愛。到了帝政時期，除了作戰技藝，其餘優良素質都消失殆盡，然而，儘管皇帝既無能又暴戾，羅馬人卻憑藉他們的作戰技藝，保住了以前獲得的戰果。但是，當腐敗在軍隊中普遍蔓延時，羅馬就變成了各族人民的獵物。

以武力建立的帝國需要用武力支撐。可是，當一個國家陷入混亂時，就不知道如何才能走出困境；與此同理，當這個國家處於和平環境，而且因其實力而爲各國所景仰時，也想不到將來會發生什麼變化，因而不會重視軍隊，因爲它無求於軍隊，反倒對它懷有戒心，甚至常常打算削弱其實力。

---

⑨ 韃靼人的騎兵根本不懂我們的軍事規則，可是始終戰功赫赫。參閱各種遊記的記述，尤其是韃靼人前不久對中國的征服。——孟註

早期羅馬人有一項不可違犯的規定，凡放棄陣地或在戰鬥中丟失武器者，一律處死。猶利安和瓦倫提尼安在這方面的規定是古老的懲戒。可是，受雇於羅馬人的蠻族士兵習慣於像當今韃靼人那樣作戰，不但以退爲進，而且喜歡劫掠而不追求榮譽，⑩所以他們不可能遵守羅馬人的軍紀。

早期羅馬人的軍紀相當嚴格，有的將領⑪處死自己打了勝仗的兒子，僅僅因爲這個兒子違命出擊。但是，當他們與蠻族混編之後，就染上了蠻族不受管束的老毛病，在貝利薩留斯與哥特人對陣的戰爭中，軍官們幾乎從頭到尾都不服從某位將領的命令。

在激烈的內戰中，蘇拉和塞多留寧可豁出性命也不願做任何可能讓米特拉達梯占便宜的事。但是在後來的日子裡，某位大臣或權貴覺得，讓蠻族進入帝國有利於他的貪欲、復仇和野心時，他就任憑蠻族擄掠燒殺。⑫

對稅賦的需求之迫切，莫過於日益衰落的國家，所以，民衆愈是擔負不起稅賦，稅賦愈是不得不加重。不久之後，羅馬各個行省再也無法忍受沉重的稅賦了。

---

⑩ 他們不願意像羅馬士兵那樣修工事，參閱阿米亞努斯．馬塞利努斯，第十八卷，書中寫道，他們修過一次工事，那時為了取悅猶利安，因為猶利安想要加強一些要地的防禦體系。——孟註

⑪ 此處指馬略，見於本書的第二章。——編註

⑫ 這種情況對於各民族混編的軍隊來說毫不稀奇，這些不知祖國為何物的游牧民族，常常與滅了他們民族的敵人混在一起。參閱普羅科庇烏斯對維提吉斯執政時期哥特人的記述。——孟註

薩爾維安在他的書中記述了對民衆的橫徵暴斂。⑬一些公民被包稅人逼得走投無路，只得逃到蠻族那裡去躲稅，否則就只能將自己出賣給願意收買的人爲奴。

這一點有助於解釋我們法國歷史上的一件事，那就是高盧人何以有這樣的耐心容忍這樣一場巨變，致使在一個高貴民族和一個平民民族之間建立一種令人窒息的差異。蠻族使許多公民變成奴隸，也就是把他們拴在農田上，他們所做的這一切，無一不是他們的前任曾經做過而且做得更殘忍的。⑭

---

⑬ 參閱《論神意》（*de Gubernatione Dei*），第五章。普里斯庫斯在《使節》中記述了一個生活在匈奴人中間的羅馬人，此人就這個國家的好運發表了一些感想。——孟註

⑭ 參閱薩爾維安，第五章以及《法典》和《法學階梯》中的相關內容。——孟註

第十九章　阿提拉的偉大、蠻族定居的原因、西羅馬帝國何以首先被擊敗

帝國①衰落之時，基督教廣為傳播，基督教徒把羅馬的衰落歸咎於不信教者，而不信教者則要求基督教對此負責。基督教徒說，戴克里先與另外三位同僚共治，②從而毀掉了羅馬帝國，因為每個皇帝都想像一個人單獨主政那樣，維持奢靡的生活，擁有強大的軍隊，致使依靠賦稅維生的人數與繳納賦稅的人數不成比例，農夫因稅賦負擔過重而放棄耕作，農田變成林地。反之，不信教者不停地反對前所未聞的新宗教，就像過去羅馬全盛時期那樣，把台伯河的氾濫和發生其他自然災害的原因歸結為諸神發怒，如今在垂死的羅馬帝國，所有厄運也都被歸咎於新宗教的傳播和古老祭壇的傾覆。

市長敘馬庫斯就勝利之神的祭壇③給諸位皇帝寫了一封信，他在信中所竭力推崇的，是民間反對基督教的多種理由，因而非常誘人。

他寫道：「除了往昔的繁榮留給我們的經驗之外，還有什麼能引導我們去認識諸神？我們應該忠於以往的歲月，追隨我們的父輩，他們也曾經有幸追隨他們的父輩。請設想一下，羅馬是這樣對你們說的：偉大的君主，祖國之父，請尊重我的那個年代吧！我在那些年裡始

---

① 孟德斯鳩撰寫本章和下面兩章的主要依據來自普羅科庇烏斯的著作，他也利用了喬南德斯、佐西穆斯、皮斯庫斯的著作以及梅南德的《使團摘錄》。——編註

② 拉克坦斯：《迫害者之死》（*Lactance, De la Mort des Persécuteurs*）。——孟註

③ 勝利之神祭壇設在元老院的議事大廳中。君士坦丁曾撤除此壇，猶利安予以恢復，格拉古於三八二年再度撤除。敘馬庫斯的信寫於三八四年。——編註

終遵守祖先的禮儀，對祖先的崇敬使全世界都臣服於我的法律，漢尼拔因此而在羅馬城外被擊退，高盧人因此而在坎皮托里奧山上被擊退。我們祈求和平是爲了祖國的諸神，爲了我們的本地諸神。④我們不會參與僅僅適合於那些無所事事的人的爭論，我們願意獻上的是祈禱，而不是戰鬥。」⑤

三位著名作者對敘馬庫斯作出回應。奧羅西烏斯撰寫歷史著作，用以證明世界上從來都有不信教者所抱怨的災難。薩爾維安在他的著作中指出，是基督教徒的墮落招致蠻族的蹂躪；⑥聖奧古斯丁則指出，天上之城與地上的城是不一樣的；⑦地上城裡的羅馬人，因一些人間美德而獲得褒獎，然而這些褒獎與美德本身一樣毫無意義。

前已提及，早期羅馬人的政策是在讓他們不快的那些勢力之間製造分裂。在接下來的日子裡，他們無法取得成功，因而只能眼看著阿提拉從多瑙河來到萊茵河，把所有北方民族統統征服，把沿河的所有堡壘和防禦設施統統拆毀，讓兩個帝國變成他們的附庸。

阿提拉蠻橫地說道：「狄奧多西與我一樣，有一位高貴的父親。但是，既然他向我納

---

④「本地諸神」指羅馬宗教中該民族特有的神祇。——編註

⑤《敘馬庫斯書信集》（*Lettres de Symmaque*），第十卷。——孟註

⑥《論上帝的治理》（*Du Gouvernement de Dieu*）。——孟註

⑦《上帝之城》（*De la Cité de Dieu*）。——孟註

貢，那就意味著他已失去高貴的身分，成了我們的奴隸。因此，他不應該像惡奴那樣陷害主子。」⑧

他在另一個場合還說：「皇帝撒謊不妥。他答應我的一個臣屬，娶薩圖尼魯斯的女兒爲妻。他如果不願兌現承諾，我就向他開戰；如果他無法兌現承諾，或是因爲下屬不服從他的命令，那麼我就立即前去支援他。」

阿提拉留下羅馬人是他的民族習俗使然，不應把此舉視爲出於他的寬和。這個民族的習俗是迫使其他民族臣服，而不是將他們征服。依照普利斯庫斯的描述，住在木屋裡的這位君主是所有蠻族的主子，⑨從某種意義上說，⑩也是幾乎所有開化民族的主子，是歷史從未提到過的偉大君主之一。

在阿提拉的宮裡可以見到東部帝國和西部帝國的使臣，他們來到此處是爲了學習他的法律，請求他寬容。他時而要求把投敵的匈奴人和羅馬奴隸送還給他，時而讓人把羅馬的某個大臣交出來。他從東部帝國徵收兩千一百磅黃金的稅款，他從羅馬軍隊那裡接受支付給將軍的薪俸，他把他想要獎掖的人派到君士坦丁堡去，讓他們在那裡發財致富，藉此持續地把畏

---

⑧《哥特人史》和普利斯庫斯的《出使記》（*Relation de l'ambassade*）。這裡說的是小狄奧多西。——孟註

⑨《哥特人史》（*Histoire gothique*），喬南德斯：《色雷斯人史》（*De rebus geticis*）。——孟註

⑩依據《出使記》的記述，阿提拉的廷臣們還想打波斯人的主意。——孟註

懼傳遞給羅馬人。

他的臣民怕他，但好像並不恨他。⑪他極爲高傲，但又有點狡猾；他發起怒來火氣極大，不過他也知道依據利害關係給予原諒或減輕處罰，當和平能給他帶來好處時，他絕不發動戰爭；依附於他的那些國王都對他忠心耿耿，他自己則集匈奴人的簡樸習俗於一身。總之，在這個民族裡，孩子們聽到父輩的赫赫戰功時萬分激動，而父輩們則因無法效仿這些孩子而老淚縱橫，對於這個民族領袖的勇氣，如何讚揚都不算過分。

阿提拉死後，所有蠻族再次各奔東西；但是，羅馬已經極度衰弱，以致任何一個小民族都能對它造成傷害。

導致羅馬衰亡的並非某一次入侵，而是所有的入侵。自從伽魯斯主政時期那次全面入侵之後，羅馬帝國彷彿實力重現，未曾失去絲毫土地。但是，羅馬帝國還是一步一步從衰微走向覆亡，直到阿卡狄奧斯和霍諾里烏斯主政時期突然崩潰。

把蠻族趕回他們自己的故土純屬徒勞，爲了確保戰利品的安全，⑫他們自己本來就要返回故土的。即使把蠻族全都消滅掉，那也是枉然，不會因此而使城市不被劫掠、村莊不被燒

---

⑪ 關於這位君主的性格及其宮廷的規矩，參閱喬南德斯和普利斯庫斯的著作。——孟註

⑫ 一七三四年版中的此句為「為了運回遺體」。——編註

毀、居民不被殺害或驅散。⑬

每當一個行省慘遭洗劫之後，隨之而來的蠻族發現這裡已經空無一物，於是轉向另一個行省。起初被蹂躪的僅限於色雷斯、密細亞和潘諾尼亞，⑭這些地方被糟蹋以後，馬其頓、帖薩利亞和希臘隨之遭殃，禍害一直延伸到諾里庫姆。⑮帝國，也就是有人居住的地方一天天縮小，義大利成了帝國的邊境。

要問蠻族在伽魯斯和加列努斯執政時期爲何不定居，原因在於還有地方可以劫掠。諾曼人堪稱羅馬帝國征服者的形象，所以，當他們蹂躪了法蘭西數百年之後，再也無可劫掠時，接受並瓜分了一個劫後一片荒蕪的行省。⑯

此時的斯基泰幾乎是不毛之地，⑰饑荒不斷，百姓靠與羅馬人的貿易賴以勉強生存，羅

---

⑬ 哥特人是一個破壞性力極強的民族，他們殺死了色雷斯的所有種地人，砍斷了所有推小車人的手。（瑪律庫斯：《拜占庭史》，載於《使團摘錄》〔*Histoire byzantine*，*l'Extrait des ambassades*〕。）——孟註

⑭ 密細亞位於下多瑙河地區，潘諾尼亞包括現今奧地利和匈牙利的一部分。——編註

⑮ 諾里庫姆包括當今德國的拜恩和奧地利的其餘部分。——編註

⑯ 參閱安德列·迪歐納收集的編年史中關於該省在九世紀末和十世紀初的情況。——孟註（此註是一七四八年版增添。——編註）

⑰ 前已提及，哥特人不從事農耕，汪達爾人把他們稱作「特魯爾」（Trulles），特魯爾是一個很小的面積計算單位。在一場饑荒中，汪達爾人賣給哥特人的小麥，雖然只有小小一「特魯爾」，卻索價很高。——孟註

馬人把多瑙河附近各行省的生活必需品運送過來，⑱蠻族用來交換的是他們搶來的物品和戰俘，以及因同意和平相處而獲得的黃金和白銀。不過，一旦羅馬人繳納的貢物不足以維持他們的生計，他們就被迫定居下來了。⑲

西部帝國首先被擊潰，究其原因，有如下幾點：

蠻族渡過多瑙河後，在其左側遇到了博斯普魯斯和君士坦丁堡以及東部帝國的全部兵力，前進受阻；於是不得不轉向右側的伊利里亞，朝著西方推進，而這個方向有各族人流湧來。通向亞細亞的路徑把守很嚴，所有人群於是退回歐洲。與伽魯斯執政時發生的第一次入侵時的情況不同，那時的蠻族的兵力化整爲零了。

帝國眞的分裂了，東羅馬帝國的皇帝們與蠻族是盟友，所以不願意爲了支援西羅馬帝國而與盟友分手。普利斯庫斯說，⑳行政管理事務方面的這種分裂，對於西羅馬帝國造成巨大損害。東羅馬帝國鑒於與汪達爾人的聯盟關係，拒不向西羅馬帝國提供武裝船隊。㉑西哥特

---

⑱ 普里斯庫斯在他的歷史著作中談到，依據協議在多瑙河沿岸建立了一些市場。——孟註

⑲ 哥特人遣使請求芝諾，接受特里阿里烏斯的兒子提烏德里克為盟友，以芝諾曾經給予巴拉姆貝爾的兒子的那些條件為條件，元老院被徵詢後回答說，國家收入無力同時供養兩個哥特人部落，必須從中選定一個。（瑪律庫斯的著作，見於《使團摘錄》。）——孟註

⑳ 普利斯庫斯，第二卷。——孟註

㉑ 同上註。

人與阿卡狄奧斯結盟後進入西羅馬帝國，霍諾里烏斯被迫逃到拉溫納。㉒最終，芝諾爲了擺脫狄奧多里克，勸說他去攻打已經被亞拉里克糟蹋得不成樣子的義大利。

阿提拉與汪達爾人的國王蓋薩里克是親密盟友。㉓蓋薩里克有點懼怕哥特人，㉔爲兒子娶哥特人國王的女兒爲妻，卻又讓人割掉她的鼻子後把她送回去。於是他與阿提拉結爲盟友。兩個帝國好像被這兩位國王捆住了手腳，不敢相互支援。西羅馬帝國的形勢因沒有海軍而特別令人揪心，埃及、賽普勒斯、腓尼基、愛奧尼亞和希臘這些經商的東方國家才有海軍。㉕汪達爾人和另外一些民族從各個方向對西羅馬帝國的海岸進行攻擊。普利斯庫斯寫道，㉖一個義大利使團來到君士坦丁堡向羅馬人傳話，若不與汪達爾人和解，羅馬人就難以支撐下去。

在西羅馬帝國㉗執政的人並不缺少政治上的對策。他們認爲，必須救援義大利，因爲在某種意義上說，義大利既是帝國的頭顱，又是帝國的心臟。蠻族被移到極爲邊遠的地區，並

㉒ 普利斯庫斯：《汪達爾人的戰爭》（*Guerre des Vandales*）。——孟註

㉓ 普利斯庫斯，第二卷。——孟註

㉔ 參閱喬南德斯：《色雷斯人史》，第三十六章。——孟註

㉕ 在君士坦丁與李錫尼對陣的那場戰爭中尤為明顯。——孟註

㉖ 普利斯庫斯，第二章。——孟註

㉗ 此註及下一個註均是一七四八年版增添。——編註

在那裡安置下來，這個計畫制訂得好，執行得也好。這些民族只求維持自己的生存，於是把平原給對方，留給自己的是山地、河流的渡口、峽谷、大河沿岸的要地，主權因而依然在握。有跡象顯示，這些掠奪者民族本來是有可能被迫成爲羅馬人的，法蘭克人、希臘人和摩爾人後來沒費多大力氣就把他們消滅了，這一事實顯示這個想法不無道理。一場比任何巨變更致命的巨變澈底改變了這個體系。由外邦人組成的義大利軍隊的要求是，那些比他們更外邦的民族所得到的東西，也應該同樣給予他們。在奧多亞克主政時期，這支軍隊組建了貴族政體，攫取了義大利三分之一的土地。這對於羅馬帝國而言，不啻是致命一擊。

人們帶著一種憂鬱的好奇心，在衆多的厄運中探索羅馬城的命運。羅馬可以說是一個不設防的城市，而且很容易被敵人製造饑荒。城牆很長，難以防守；又因爲羅馬城坐落在平原上，所以很容易被突破。羅馬人口日益稀少，無法爲軍隊提供後備兵源。皇帝們不得不退縮到拉維納去，因爲這座城市與當今的威尼斯一樣，過去是一座被海洋守護著的城市。

幾乎總是被自己的君主拋棄的羅馬人民，終於開始自己做主，爲了自我保存而締結條約。㉘這是獲取最高權力的最合法的方法。於是，阿莫里克和勃艮第開始了在自己的法律之下的生活。

㉘ 在霍諾里烏斯主政期間，對羅馬實行圍城的阿拉里克置皇帝的反對於不顧，強迫羅馬城與之結盟。（普羅科庇烏斯：《哥特人的戰爭》，第一卷。）參閱佐西穆斯，第一卷。——孟註

西羅馬帝國就這樣終結了。羅馬之所以變得強盛，是因為打完一仗之後才打另一仗，它享有一種無法想像的幸運，那就是，每個民族總是在另一個民族失敗之後才向羅馬發起攻擊。羅馬之所以毀滅，是因爲所有民族在同一時間向它發起攻擊，從四面八方向羅馬挺進。

第二十章　查士丁尼的征戰及治理

這些民族亂作一團地湧進羅馬帝國，彼此不和，當時的政策就在於全力武裝這些民族，讓他們互鬥。辦成此事不難，因爲他們本來就凶狠和貪婪。他們之中的大多數在站穩腳跟之前就互相殘殺致死了。如此一來，東羅馬帝國就又苟延殘喘了一段時期。

北方力竭氣衰，往日來自北方的大量軍隊如今不見蹤影了，因爲，自哥特人和匈奴人入侵以來，尤其在阿提拉死後，匈奴人和跟隨匈奴人的其他民族都顯得進攻乏力了。

這些全民皆兵的民族一旦分散爲民，實力大爲減弱，他們分散在被他們征服的各個地方，面臨著遭受攻擊的危險。

就在這種形勢下，查士丁尼著手征服非洲和義大利，他們相當順利，與我們法國人在對付西哥特人、勃艮第人、倫巴底人和撒拉森人時一樣。

基督教傳入蠻族之後，阿里烏教派在帝國占有一定程度的主導地位。瓦倫斯向蠻族派去阿里烏教派的教士，這些教士就成了蠻族的首批使徒。這個教派促使蠻族改宗並因此而站穩腳跟，可是在這段時間裡，這個教派在羅馬人中間卻似乎已被摧毀。信奉阿里烏教派的蠻族身邊幾乎全是信奉東正教的羅馬人，無法獲得他們的好感。皇帝想要騷擾他們倒是相當容易。

這些既不擅長攻城，更不善於守城的蠻族，任憑城牆坍塌成廢墟。普羅科庇烏斯告訴我們，貝利薩留斯親眼見到義大利的一些城市就是這樣。蓋薩里克搗毀了非洲的城市，①維提撒爲安撫追隨他的民衆而搗毀了西班牙的城市。②

大多數定居在南方的北方人沾染了柔弱之風，再也不堪作戰的勞累。③汪達爾人沉溺在逸樂之中，美味佳餚、華麗服飾、沐浴、音樂舞蹈、花園和戲劇，都成爲他們生活中不可或缺的東西。

瑪律庫斯說，④蓋薩里克以前始終保持著一支隨時可以打仗的軍隊，以其隨時可以投入戰鬥而震懾敵人，並令世界爲之震驚；如今汪達爾人既然不再維持這支軍隊，羅馬人自然也就不再擔憂了。⑤

羅馬騎兵的射箭技藝訓練有素，哥特人和汪達爾人的騎兵則只會使用劍和投槍，無法從遠處攻擊敵人。⑥貝利薩留斯認爲，這種差異是他取勝的原因之一。

---

① 參閱普羅科庇烏斯：《汪達爾人的戰爭》，第一卷。——孟註
② 馬里亞納：《西班牙史》（*Histoire d'Espagne*），第六卷。——孟註
③ 參閱普羅科庇烏斯：《汪達爾人的戰爭》，第二卷。——孟註
④ 《拜占庭史》，見於《使團摘要》。——孟註
⑤ 荷諾里（**Honoric**）在位期間。——孟註（孟德斯鳩此處想說的是汪達爾人的國王胡奈里克（**Hunéric**）。——編註）
⑥ 參閱普羅科庇烏斯：《汪達爾人的戰爭》，第一卷；同一作者的《哥特人的戰爭》，第一卷。哥特人的射手不騎馬，而且訓練水準較差。——孟註

羅馬人，尤其是查士丁尼執政時期的羅馬人，大大得益於匈奴人，帕提亞人是從匈奴人分出來的一支，兩者的作戰方式相同。自從匈奴人因阿提拉戰敗和他衆多的兒子的內部分裂導致實力喪失後，匈奴人就以助手身分爲羅馬人服務，組建了最好的騎兵。

所有這些蠻族都有各不相同的獨特戰法和武器配備方法。⑦手持利劍的哥特人和汪達爾人令人不寒而慄，匈奴人令人欽佩，蘇維匯人的步兵十分精良，阿蘭人配備的武器十分沉重，而埃魯爾人都是輕裝部隊。羅馬人根據自己的需要作出選擇，集中各支部隊之長對付一支部隊。

令人不解⑧的一點是，最弱的民族往往分布最廣，若是單憑勝負來判斷強弱，那就大錯特錯。在長時間的入侵活動中，蠻族或者說來自蠻族的人群，有時戰勝，有時戰敗，無論勝敗都是當時實際情況使然。某個較大民族戰敗或受阻時，一群冒險分子就會在他們所發現的一個無人防守的地方大肆劫掠。哥特人因武器低劣而在許多民族面前倉皇逃竄，定居在義大利、高盧和西班牙。實力不強的汪達爾人離開西班牙，去非洲建立了一個大帝國。

查士丁尼爲對付汪達爾人而配備的船隻僅有五十艘，貝利薩留斯登陸時的兵力只有五千

⑦ 喬南德斯在書中出色地描繪了這些差異。那是在傑皮德人向阿提拉的兒子們發動攻勢之時。——孟註（此註是一七四八年版增添。——編註）

⑧ 此節是一七四八年版增添。——編註

人。⑨這是一次十分大膽的行動，此前里奧攻擊汪達爾人時，集中了東羅馬帝國的所有船隻，配備的兵力多達十萬人，但是他並未攻下非洲，甚至一度想要放棄帝國。

這些強大的艦隊與以往強大的陸軍一樣，從未嘗到過勝利的滋味。征戰如果曠日持久，艦隊就會拖垮國家，如果遇到不測事件，艦隊得不到支援和補充，一旦損失一部分，剩下的也就毫無用處。因爲，戰船、運輸船、騎兵、步兵以及各種軍需品，所有這些不同部門都依賴於整個總體，行動緩慢的結果就是讓敵人做好準備。征戰幾乎從未在合適的季節進行，有時反倒在暴雨季節作戰，許多事情幾乎總是沒能及時準備好，往往與事先的設想相差幾個月。

貝利薩留斯入侵非洲時，依據他與哥特人的王后阿瑪拉遜莎締結的條約，從西西里獲得了大量給養，這對他幫助極大。此前他奉命攻打義大利時，發現哥特人從西西里獲得補給，於是決定以奪取西西里開始這場征戰。他讓敵人饑腸轆轆，而他自己的隊伍卻什麼都不缺。

貝利薩留斯拿下了迦太基、羅馬和拉溫納，把俘獲的哥特人和汪達爾人的國王押往君士坦丁堡；時隔許久之後，古代的凱旋慶典再度重現。⑩

---

⑨ 普羅科庇烏斯：《哥特人的戰爭》，第二卷。——孟註

⑩ 查士丁尼僅為他的非洲大捷舉行了凱旋慶典。——孟註

在這位偉人的優秀品質中，⑪可以找到他屢建奇功的主要原因。作爲一位將領，他遵奉早期羅馬人的一切行事準則，組建了一支與古代羅馬軍隊一模一樣的軍隊。

在奴役狀態下，一個人的優秀素質通常藏而不露或消失殆盡。可是查士丁尼的暴政卻無法埋沒這位偉人高尚的靈魂和出衆的才幹。

這個朝廷因有了閹臣納爾塞斯而顯得更加輝煌。納爾塞斯在宮中成長，因而更爲皇帝所信任，因爲在君主們的眼裡，最可信賴的永遠是寵臣。

但是，查士丁尼的行徑惡劣、揮霍無度、秉性暴戾、掠奪成性、大興土木、朝令夕改、變化無常、色厲內荏，所有這一切隨著年邁而愈發令人難以忍受，這便是名副其實的不幸之所在，他多次獲得的勝利和他所擁有的榮耀，也都顯得無益和徒然。

並非因爲帝國強大，而是因爲某些特殊情況挑起的這些征戰，把一切都毀了。當帝國的軍隊在這些征戰中不得脫身之時，一些新的民族渡過了多瑙河，橫掃伊利里亞、馬其頓和希臘；波斯接連四度攻擊東羅馬帝國，使之遭受難以癒合的重創。⑫

這些征戰愈是迅捷，戰果也就愈難鞏固，義大利和非洲甫一拿下，立即就要再度征戰。

---

⑪ 參閱《蘇達》辭書中的「貝利薩留斯」條目。——孟註

⑫ 兩個帝國都不想保住從對方奪來的東西，因而彼此的相互蹂躪更加毫不手軟。——孟註

查士丁尼娶了一位長期爲娼的優伶爲妻，⑬這個女人對查士丁尼的控制之嚴，堪稱歷史所僅見。她把女性的激情和異想天開的特性統統用來處理國務，致使最輝煌的勝利和成功都毀於一旦。

東方人一直利用多妻制消除在我們的氣候條件下女人對男人的巨大影響。但是，君士坦丁堡的法律只准男子擁有一個妻子，女性對男性的控制力因而得以充分展現，⑭致使有時治國乏力。

君士坦丁堡的民衆始終分成藍、綠兩派，兩派形成的原因不是別的，而是民衆在劇場和馬戲場上捧角的對象不同，例如在跑馬場上，穿綠衫的馭手與穿藍衫的馭手激烈爭先，每個觀衆都狂熱地爲自己屬意的那個馭手吶喊助威。

帝國的每個城市都有這兩派，派性的激烈程度因城市的大小，也就是大部分居民的閒暇程度而異。

共和政體爲了得以延續，必須有派別之分。然而，帝國內部若有派別之分，對於皇帝的

---

⑬ 這個女人便是狄奧朵拉皇后。——孟註

⑭ 在一七三四年版中，此句還有「也就是說，致使政體先天不足」字樣。孟德斯鳩後來修正了此句，因為狄奧朵拉皇帝其實是一位強勢君主。——編註

統治⑮而言，那就是致命之傷，因爲分裂只可能導致皇帝易人，而不可能產生恢復法律和制止濫權的結果。

查士丁尼偏袒藍派，不能公正對待綠派，⑯致使兩派關係激化，日益勢不兩立。兩派之爭難以調和，進而導致官員形同虛設。藍派自恃有皇帝保護，對法律毫無畏懼之心；綠派則因法律不再保護他們而不尊重法律。⑰友誼、親情、義務和感恩等所有人與人的聯繫都被置之腦後，家庭之間相互廝殺，所有準備犯罪乃至殺人的人都來自藍派，所有被搶或被殺的人都來自綠派。

一個如此缺乏理智的政府自然更加凶殘。皇帝狂徵暴斂，把臣民壓得喘不過氣來，但他並不以這種普遍的不公正爲滿足，他還通過各種各樣的暴戾措施，對特定的個人進行殘酷的迫害。

普羅科庇烏斯在《祕史》中把這位皇帝描繪成最愚蠢、最凶殘的暴君，我當然不會輕信他所講述的這一切，因爲他在其他著作中對這位皇帝讚頌有加，⑱從而減弱了《祕史》的可

⑮ 在一七三四年版中為「對於專制主義政體而言」。——編註

⑯ 這一弊端由來已久，蘇埃托尼烏斯說，民眾偏向綠派，支持藍派的皇帝卡利古拉因此而憎恨民眾。——孟註

⑰ 為了解這個時期人們的心態，可參閱狄奧法尼斯的著作，他在書中講述了綠派與皇帝在劇場中的長時間對話。——孟註

⑱ 正因為普羅科庇烏斯自相矛盾，許多歷史學家往往在《祕史》是否是他的著作問題上猶豫不決。——編註

信度。

不過我承認，有兩點促使我傾向於認同他的《祕史》。第一點是《祕史》與這位皇帝在位末期以及此後帝國驚人的弱勢相當吻合。

第二是這位皇帝所制定的法律至今依然被我們視爲不朽的著作，他在數年間對司法制度所做的改動，比我們法國在過去三百年間所做的還要多。

這些改動大部分都無關宏旨，⑲我們看不出有什麼理由會讓一個立法者去做這樣的事，除非相信《祕史》所說，這位皇帝既出賣判決，也出賣法律。

他在自己的宗教狂熱難以抑制的狀態下，試圖讓所有人在宗教問題上的觀點完全一致，這便是他的政府的政治狀況所受到的最大損害。

古羅馬人允許各種各樣的信仰存在，帝國因而強大；後來他們把不占主導地位的那些教派一個個全都禁絕，帝國於是變得不值得一提。

宗奉這些教派的是整個民族，而且不止一個民族。其中的一些民族被羅馬征服後依然保持著自己的信仰，例如薩瑪利亞人和猶太人；有些民族則散居到各地，例如孟塔努⑳教派信徒和摩尼教信徒居住在弗里吉亞，撒巴派信徒和阿里烏派信徒居住在其他外省。此外還有一

---

⑲ 參閱《查士丁尼的新聞》（*Nouvelles de Justinien*）。——孟註

⑳ 孟塔努是西元二世紀弗里吉亞的一位預言家，他認為福音書並未終結基督的啓示。——編註

大批居住在鄉間的偶像崇拜者，他們固執地篤信某種與他們本身一樣粗野的宗教。

查士丁尼用利劍和法律摧毀這些教派，逼得這些教派的信徒起而造反，他於是將這些人澈底消滅，許多行省因此而荒無人煙。他以爲這樣一來，基督教信徒就人數大增，卻不知有多少人死於非命。

普羅科庇烏斯告訴我們，撒瑪利亞人被滅掉後，巴勒斯坦一片荒蕪。此舉的嚴重後果在於，宗教狂熱極大地削弱了帝國，以至於數任皇帝之後，阿拉伯人長驅直入，把基督教澈底摧毀。

令人絕望的是，皇帝在宗教方面採取了極不容忍的態度，但是，在一些主要問題上他卻與皇后意見不一，他接受加采東大公會議㉑的精神，皇后卻支持大公會議精神的反對者；埃瓦格里烏斯說，這些反對者有的確實是眞心實意，有的卻是另有用意。㉒

普羅科庇烏斯在他的書中記述了查士丁尼建造的大廈，查士丁尼還到處修建要塞和堡壘，當我們讀到和看到這些建築物時，不免以爲他把這個國家治理得繁榮昌盛，其實並非如此。

首先，羅馬人根本沒有要塞，他們把全部信心都寄託在軍隊身上。軍隊全都沿河駐紮，

㉑ 西元四五一年的加采東大公會議宣稱，基督的神性和人性是統一的。——編註

㉒ 第四卷，第十章。——孟註

河岸上每隔一段距離建一個塔樓供官兵居住。

但是，一旦軍隊變得不堪一擊或者根本沒有軍隊可供調遣，邊境就無法爲內地提供防衛，因而必須設法強化內地的防禦，於是要塞增多，兵力減少，後撤的地點增多，安全卻減少了。㉓由於鄉村地帶只有要塞四周的地區可以安全居住，於是到處修築要塞。這一情景猶如諾曼人㉔時期的法蘭西，那時法蘭西已經虛弱到無以復加的程度，所有村莊都龜縮在圍牆裡面。

普里科庇烏斯用了好幾頁篇幅列出了一長串堡壘的名字，其實，這些只不過是帝國已經弱不禁風的顯著標誌而已。

㉓ 奧古斯都曾修建了九個邊境省，後來的諸位皇帝又增建了一些。蠻族總是出現在他們從未露過面的地方。狄翁在第一卷第五十五章中寫道，在他生活的年代，也就是亞歷山大朝，共有十三個邊境省。在從阿卡狄奧斯和霍諾里烏斯兩朝開始撰寫的實錄中看到，僅在東羅馬帝國境內就有十五個邊境省。邊境省的數量不斷增多。潘菲利亞、利考努亞和皮西迪亞都變成了邊境省。整個帝國到處都建有堡壘。奧里略甚至不得不為羅馬城修建堡壘。——孟註

㉔ 還有英國人。——孟註（在百年戰爭期間。——編註）

第二十一章　東羅馬帝國的混亂

在此期間，波斯人的形勢比羅馬人好，他們不怎麼害怕北方民族，①因爲位於裏海和黑海之間的一部分托羅斯山脈把匈奴人和羅馬人隔開了，羅馬人控制著一個被一扇門②關閉的狹窄出口，這是騎兵的唯一通道。在所有其他地方，這些蠻族只能從陡峭的山崖往下走，這樣他們就不得不下馬步行，須知，騎兵的威力可是全在於坐騎啊！阻擋他們前進的還有阿拉克斯河，這條河很深，守住渡口不讓敵人過河並非難事。③

再則，波斯人的東面平安無事，南面瀕臨大海，他們很容易維持阿拉伯人的分裂狀態，因爲這些阿拉伯人一心只想你搶我奪，彼此劫掠。眞正稱得上敵人的唯有羅馬人。霍爾米德茲的一個使節④說：「我們知道，羅馬人陷入了好幾場戰爭，幾乎要與所有民族作戰。他們也知道，我們只有一場戰爭，那就是與他們之間的戰爭。」⑤

羅馬人對軍事技藝的不重視程度，恰如波斯人對軍事技藝的重視程度。貝利薩留斯對士兵們說，「波斯人的勇氣絕對不如你們，但是他們的軍紀勝過你們。」

波斯人在談判中的優勢不亞於在戰爭中的優勢。他們向羅馬人索取貢賦的藉口是，他們

① 此處指匈奴人。——孟註
② 裏海通道。——孟註（高加索中心地帶的狹窄通道，參閱本書第十七章的註腳。——編註）
③ 普羅科庇烏斯：《波斯人的戰爭》。——孟註
④ 《梅南德出使記》（*Ambassades de Ménandre*）。——孟註
⑤ 此處指波斯國王霍爾米斯達斯（西元五七九—五九二年在位）。——編註

有一支衛戍部隊守在裏海門戶通道，就好像每個民族都沒有自己的邊界需要防守似的。對於締約、休戰、停戰、談判以及作戰所消耗的時間，波斯人都要羅馬人付出代價。

阿瓦爾人渡過多瑙河之後，羅馬人本應加以阻擋，但是他們疲於抵禦波斯人，在大多數時間裡抽不出兵力來對付阿瓦爾人；而當他們把兵力用於對付阿瓦爾人時，卻正是他們本應抵擋波斯人的時候。因此，他們不得不繳納貢賦，羅馬也就在各民族面前威嚴掃地了。

查士丁尼、提比略和莫里西烏斯竭盡全力保衛羅馬。莫里西烏斯雖然品德不錯，但因貪欲而黯淡無光，而這種貪欲出現在一位偉大的君主身上，實在令人難以置信。

阿瓦爾人的國王提議，按每人半個銀幣的代價，把他們俘獲的戰俘交還給莫里西烏斯。這個提議遭到拒絕後，阿瓦爾人殺死了所有戰俘。羅馬軍人怒不可遏，釀成叛變，綠派聞風而動，也起來造反，一位名叫福凱斯的百人團長被擁戴為皇帝，他下令殺死了莫里西烏斯和他的孩子。

我們從此時開始把羅馬帝國改稱拜占庭（希臘）帝國。發生在拜占庭帝國的，不外乎一連串叛變、反叛和背信棄義的行徑。臣屬缺乏應有的忠君觀念，帝位的傳承時常中斷，以至於「皇后在寢宮中所生的紫衣貴族」⑥成了一個獨特的頭銜，只有少數出身於皇族的君主能夠擁有。

⑥ 這個詞源自希臘語，意為出生在紫色帳帷中。——孟註

條條道路通向皇帝的寶座，士兵、教士、元老、農夫、君士坦丁堡以及其他城市的老百姓，誰都有可能登上帝位。

基督教在帝國取得了壓倒性的地位之後，多個異端陸續出現，必須予以譴責。阿里烏否認聖子具有神性；馬其頓人否認聖靈具有神性，聶斯脫利派不承認基督的神性與人性的一體論，優迪克派不承認基督的神人兩個本性，一志論派則否認基督具有人和神兩種作用。為批駁這些異端，召開了多次大公會議。但是，這些會議的決議未能被普遍接受，好幾位皇帝禁不起誘惑，再度宗奉被譴責的異端教派。最痛恨異端的民族莫過於希臘人，他們把與異端分子交談和與異端分子共居，視為對他們的玷汙。多位皇帝失去了臣民的信賴，老百姓習慣於認為，如此經常背叛上帝的君主，肯定不是上帝選派來治理老百姓的。

有一種意見認為，不應輕易讓基督教徒流血，伊斯蘭教出現後，這種想法日益深入人心，因而，並不直接涉及基督教的罪行都被從輕發落，對於煽動暴亂或傷害皇帝人身的罪犯，僅處以挖眼、割鼻、剪頭髮或斷肢等懲罰。⑦此類做法既然不會造成十分嚴重的後果，有些並無勇氣的人因而也敢鋌而走險。

由於皇帝的服飾受人敬重，當局自然緊盯膽敢使用皇帝服飾的人。凡穿著紫色服飾或藏有紫色織物均為犯罪。不過，誰若穿著紫色服飾，身後必定跟著一大群人，因為對服飾的敬

---

⑦ 芝諾在減輕懲罰中起到了重要作用。參閱卡爾庫斯：《拜占庭史》，載於《使團摘要》。——孟註

重甚於對人的敬重。⑧

那時的一種怪癖促使某些人的野心大爲膨脹，在大人物中間，很少有人不認爲自己有朝一日會登上皇帝寶座。

心靈的疾病是無法醫治的，⑨因而，借助占星術和水中看物作出預言的方法，在基督教徒中大行其道，取代了連同異教一併被禁的用殉難者的內臟和鳥類的飛翔進行占卜的方法。空洞無物的許諾成爲大多數膽大妄爲者的動因，甚至被認爲體現了皇家樞密院的智慧。

帝國的災難日益深重，人們自然而然地把戰爭失利和可恥和約的簽訂歸咎於統治者們的惡劣行徑。

巨變帶來巨變，結果變成了原因。希臘人看到許多家族像走馬燈似的先後登上皇帝寶座，人民其實並不擁護其中任何一個。命運之神既然貴賤不分地讓各種各樣的人登上御座，那就無論出身多麼卑賤、功勞如何微不足道，都禁不住懷著有朝一日貴爲皇帝的期盼。

一個國家中出現的若干實例造就這個國家的普遍精神，形成爲習俗，習俗猶如法律一般，強有力地主宰著這個國家。

如今想要完成一些重大事項，看起來比我們的祖先更難了。什麼事情都難以保密，因爲

---

⑧ 此處影射約翰．齊米斯齊斯一世，他在謀殺尼塞弗魯斯後，西元六九六年被黨徒們擁戴為皇帝。——編註

⑨ 參閱尼塞塔斯：《安德羅尼庫斯．科穆寧傳》（*Vie d'Andronic Comnène*）。——孟註

如今各國之間交通方便，每個君主都向各國宮廷派駐使節，每個皇帝的內廷中都可能有變節者。

郵政的創設使得消息從四面八方以飛快的速度傳遞。想要辦成大事不能沒有錢，自從發明匯票後，商人就成了錢的掌控者，他們的生意往往與國家的祕密相關，所以他們處心積慮地刺探國家機密。票據交易過程中原因不明的變化，促使許多人設法尋找原因，並且最終找到了。

印刷術的發明使全世界人人都能擁有書籍，圖版印刷則使地圖得到普及，政治性書報問世之後，人人都能洞悉公共利益之所在，從而對那些隱密的事情能更容易地獲得清晰的了解。

郵政設立之後，針對國家的密謀變得更加困難了，因爲，所有個人祕密都在公共權力機構的掌控之中。

君主們手中握有國家的力量，因而可以迅速地採取行動，密謀者不掌握任何資源，所以他們只能緩慢地行動。然而，如今一切都很容易快迅地得到澄清，所以密謀者行事時只要稍有遲緩，立即就會暴露。

第二十二章　東羅馬帝國的虛弱

尼塞弗魯斯．福凱斯①在一片混亂中地位不穩，從非洲來的赫拉克利烏斯把他殺了，他發現，各個行省都已遭到入侵，各個軍團都已垮掉。

赫拉克利烏斯剛剛著手醫治國家的這些病痛，阿拉伯人離開故土，前來傳播他們的宗教，擴張他們的帝國，穆罕默德既是伊斯蘭教的創立者，也是阿拉伯帝國的締造者。

從未見過如此神速的推進腳步，他們首先征服了敘利亞，接著擊敗了巴勒斯坦和埃及，隨後便侵入波斯。

上帝恩准基督教不再是許多地方的主導宗教，並非上帝拋棄了基督教，而是基督教無論在榮耀中或在外表的屈辱中，同樣始終如一地能夠讓人變得聖潔。

宗教的興盛與帝國的興盛不同。一位著名作家②說，能生病是件開心的事，因爲病態是基督教徒的眞實狀態。同樣也可以這樣說，教會的屈辱和潰散、神殿的被毀、殉教者的痛苦，所有這些都是基督教的榮耀；基督教在世人眼裡大獲全勝之際，其實正是它式微之時。

對於阿拉伯人征服許多地方這個令人矚目的事件，不能僅以熱情來加以解釋。長期以

---

① 孟德斯鳩撰寫本章和下一章的主要依據是一六七二—一六七四年出版的庫贊三卷本《君士坦丁堡史》（**Cousin,** *Histoire de Constantinople*）和君士坦丁七世波爾費羅格尼托斯主持下編纂的文集。——編註

② 此處指巴斯卡的《思想錄》。——編註

來，在羅馬人和波斯人的諸多輔助兵力中，撒拉森人一直與衆不同。奧斯若恩人③和阿拉伯人是全世界最優秀的射手，④亞歷山大·塞維魯斯和馬克西米努斯盡一切可能把他們全都招進自己的軍隊，這些軍人尚在遠處就向敵人射箭，因而在對日爾曼人的戰爭中取得了輝煌勝利。在瓦倫斯執政時期，哥特人也抵擋不住這些奧斯若恩人和阿拉伯人。⑤總而言之，他們是當時全世界最精銳的騎兵。

前已提及，羅馬人的歐洲軍團勝過亞細亞軍團。但是就騎兵而言，情況恰好相反，這裡說的是帕提亞人、奧斯若恩人和撒拉森人的騎兵，正是這些騎兵遏制了羅馬人的征服，因爲從安提奧庫斯之後，一個擁有全世界最精銳騎兵的新韃靼民族占據了上亞細亞。

這支騎兵是重裝騎兵，⑥歐洲的騎兵是輕裝騎兵，如今的情況恰恰相反。荷蘭和弗里西亞那時可以說尚未形成，⑦德意志到處都是森林、湖泊和沼澤，騎兵沒有用武之地。

這些大河疏通後，沼澤消失，德意志面貌煥然一新。瓦倫提尼安和羅馬人分別在內卡河

③ 奧斯若恩位於美索不達米亞北部。——編註

④ 此處的射手指弓箭手和投槍手。——編註

⑤ 佐西穆斯，第四章。——孟註

⑥ 參閱佐西穆斯，第一卷，關於奧里略和帕爾米拉的騎兵的記述，參閱阿米亞努斯·馬塞利努斯關於波斯騎兵的記述。——孟註

⑦ 這些地方大多是溼地，經由人工改造後方能居住。——編註

和萊茵河上修建了一些工程後，⑧面貌大爲改觀。⑨商業發展起來之後，這些以前見不到馬的地方，現在不但出產馬，而且使用馬。⑩

赫拉克利烏斯的兒子君士坦丁被毒死，君士坦丁的兒子君士坦在西西里被殺，君士坦的兒子大鬍子君士坦丁承繼皇位。⑪東部各省的權貴們聚在一起，主張爲君士坦丁的兩位兄弟加冕，理由是，既然相信基督教的三位一體，同時有三個皇帝也合情合理。

在希臘的歷史上，此類怪事比比皆是。既然小民意識成爲民族精神，在宏偉的事業中就別再指望有什麼睿智。無緣無故的亂象不斷，毫無目標可言的變革一再發生。

四處蔓延的過度虔誠撲滅了人們的英勇氣概，使整個歐洲處於麻痺狀態。準確地說，君士坦丁堡是基督教占有主導地位的唯一東方國家。亞細亞各民族的這種怯懦、懶惰和孱弱，卻是與虔誠攪和在一起的。實例成千上萬，我只舉菲力浦庫斯一例。莫里西烏斯麾下的這位將領，準備投入戰鬥時放聲大哭，原因是他想到許多人即將在這場戰鬥中犧牲。⑫

---

⑧ 參閱阿米亞努斯．馬塞利努斯，第二十七卷。——孟註

⑨ 那裡的氣候也變了，沒有此前一些作者所說的那麼冷了。——孟註

⑩ 凱撒說，日爾曼人的馬小而劣（《高盧人的戰爭》，第四卷，第二章）。塔西佗在《日爾曼人的習俗》中寫道：「日爾曼地區有許多牲畜，但其中很多的體形偏小」。——孟註

⑪ 佐西穆斯：《大鬍子君士坦丁傳》（*Vie de Constantin-le-Barbu*）。——孟註

⑫ 泰奧菲拉克特：《莫里西烏斯皇帝史》（*Histoire de l'empereur Maurice*），第二卷，第三章。——孟註

阿拉伯人的眼淚則是另一回事了。他們痛苦得熱淚橫流是因爲他們的將軍下令休戰，因而無法讓基督教徒們屍橫遍野。⑬

一支狂熱的軍隊和一支過度虔誠的軍隊完全不一樣。近代史上就有這樣的實例，在那場著名的革命中，克倫威爾的軍隊就像是以前阿拉伯人的軍隊，而愛爾蘭和威爾士的軍隊，就像是以前希臘人的軍隊。

宗教提升人們的精神，粗陋的迷信削弱人們的精神。這種迷信把人的全部美德和信任置於無知而愚蠢的偶像崇拜之中。有的將軍竟然爲了得到一塊聖徒遺骨而撤除對敵人的包圍，⑭放棄一座城市。⑮

基督教在拜占庭帝國日趨衰落，就像沙皇彼得一世大力進行改革前的莫斯科一樣。這位沙皇全力促使民族振興，進行了一系列改革，與征服者在被征服國家中推行的變革相比，有過之而無不及。

我們⑯很容易相信希臘人陷入了某種偶像崇拜之中。但是，我們並不懷疑那時的義大利

---

⑬ 參閱奧克雷的《撒拉森人征服敘利亞、波斯、埃及記》（Ockley，*Histoire de la conquête de la Syrie, de la Perse et de l'Egypte par les Sarrasins*）。——孟註

⑭ 佐納拉斯：《羅曼努斯・利卡潘努斯傳》（*Vie de Romain Lacapène*）。——孟註

⑮ 尼塞塔斯：《約翰・科穆寧傳》（*Vie de Jean Commène*）。——孟註

⑯ 此節在一七三四年版中是一個註腳。——編註

人和德意志人糾結於一種外在的崇拜。可是，當拜占庭歷史學家們談及拜占庭人對聖徒遺骨和聖像的蔑視時，就像是在說我們法國那些激烈反對加爾文的辯論家。德意志人前往聖地時，尼塞塔斯說，亞美尼亞人把他們當作朋友接待，因爲他們不是聖像崇拜者。如果說，在拜占庭人看來，義大利人和德意志人對聖像的崇拜尚有不足，那麼他們自己對聖像的崇拜又該達到什麼程度呢？

東方此時出現的巨變與二百年前發生在西方的巨變極爲相似。那時的西方由於出現了文藝復興，人們開始感到自己身處濫權和混亂之中，大家於是尋找改變這種狀況的辦法，一些不怎麼安分的人敢作敢爲，要把教會乾脆剷除掉，而不只是進行一些改革。

伊蘇里亞人里奧、君士坦丁·科普羅尼穆斯和他的兒子里奧，發動了對聖像的圍剿，伊琳娜女皇在位時恢復了聖像崇拜，此後的亞美尼亞人、口吃者米凱爾和狄奧菲勒，再次廢除聖像崇拜。這幾位皇帝認爲，若不澈底剷除聖像崇拜，就不可能使之降溫。他們把矛頭指向給國家製造麻煩的僧侶，⑰而且總是採取極端措施，用劍殺死他們，而不是設法規範他們的行爲。

---

⑰ 很久以前，瓦倫斯就制定法律，強制僧侶參戰，不服從者處死。見喬南德斯：《哥特人史》（de Regn, success. loi XXVI, cod. De Decur）。——孟註

新輿論的擁護者們指控僧侶們崇拜聖像，[18]僧侶們則反唇相譏，指責這些人崇拜聖像。[19]與此同時，僧侶們向民眾展示他們的教堂，表明教堂裡面沒有任何聖像，也沒有此前一直飽受詬病的其他崇拜對象；僧侶們絕不讓民眾憑藉想像，以為聖像除了用來祭祀魔鬼之外，還有其他用途。

關於聖像的爭論之所以如此激烈，致使一些智者也無法推薦一種寬和的崇拜，原因在於這場爭論是與一些需要審慎處理的事情糾結在一起的。首先是權力問題，僧侶們已經把權力緊握在手心裡，他們若想鞏固或加強權力，只有透過不斷地增強外在崇拜才行，而他們自己也是被崇拜的對象。這就是剿滅聖像的鬥爭始終把矛頭指向僧侶的原委。僧侶們一旦取勝，他們的權力就再也沒有邊界了。

這次爭論與數百年前巴爾拉姆[20]和阿金蒂諾斯與僧侶們的那次爭論頗有相似之處。當年那次爭論讓帝國備受熬煎，並最終導致帝國垮臺；當時爭論的焦點是：出現在大博爾山上耶

---

[18] 這裡就希臘僧侶所說的話，絲毫不涉及他們的國家。因為我們不能因為某件事不好，就說是某個時期或某個地方把它搞壞了。——孟註

[19] 語法學家里奧：《亞美尼亞人里奧傳》（*Vie de Léon L'Arménien*）、《狄奧菲勒傳》（*Vie de Théophile*）。參閱敘達斯書中的「君士坦丁」條。——孟註

[20] 義大利僧侶巴爾拉姆，是十四世紀的一位雄辯家和神學家、彼特拉克的老師。他在阿金蒂諾斯的協助下，在一三三九年與阿索斯山的僧侶們進行了一場長時間的爭論。——編註

穌基督四周的光是不是上帝創造的。僧侶們其實對這個問題不太在乎是或不是，但是，巴爾拉姆既然把矛頭直接指向他們，他們就只能說，這個光不是上帝創造的。

反對聖像崇拜的皇帝們挑起的這場以僧侶爲打擊對象的戰爭，使他們稍稍回歸到以往治國的原則上去，把公共收入用於民生，最終讓國家解脫了身上的羈絆。

希臘僧侶們把世俗信教者推入到極端無知的狀態之中，當我想到這種無知狀態時，禁不住要把這些僧侶與希羅多德所說的斯基泰人㉑作一番比較，他們挖掉奴隸的眼睛，爲的是絕不讓他們在擠奶時分心。

狄奧多拉女皇恢復聖像崇拜，僧侶們再度糟蹋民衆的宗教虔誠，他們甚至迫害在俗僧侶，並且占據所有較高職位，㉒把所有神職人員逐漸排除在主教職位之外。這些做法讓這些僧侶實在無法容忍了，如果將他們與拉丁神職人員做一番比較，如果把教皇們的行爲與君士坦丁堡的高級神職人員的行爲作一番比較，我們便能發現，教皇有多聰明，這些高級神職人員就有多不明智。

這或許是人類精神的一個怪異的矛盾現象。早期羅馬基督教的神職人員可以擔任官職，而且並未被排除在公民社會之外，但是他們對公共事務並不十分關心。基督教站穩腳跟之

㉑ 第四卷。——孟註

㉒ 帕希梅爾（Pachymère），第八卷。——孟註

後，神職人員雖然與世俗事務日益拉開距離，但依然適度參與其中。可是，帝國開始衰落之後，僧侶成了僅有的神職人員，這些因特殊職業而註定要逃避和懼怕公共事務的人，卻抓住一切能置身其中的機會，不停地製造喧囂，擾亂這個他們早已脫離的社會。

國家大事、媾和、宣戰、休戰、談判乃至婚姻，如果沒有僧侶們的參與，全都辦不成。樞密院裡充斥著僧侶，人民大會的成員幾乎都是僧侶。

很難想像，這樣的局面所產生的是什麼樣的惡果。他們削弱了君主們的精神，促使君主們魯莽從事，甚至在做好事的時候也是如此。巴希爾派海軍士兵到聖米歐爾去修建教堂，撒拉森人乘機奪取了西西里島，攻下了敘拉古；他的兒子里奧繼位後，繼續把海軍派去修建教堂，撒拉森人於是占領了托羅美尼亞和利姆諾斯島。[23]

有人信誓旦旦地對安德羅尼庫斯·帕列洛古斯說，他對教會和睦相處的熱切期盼，令上帝十分高興，他的敵人因而都不敢攻擊他，於是他把海軍放棄了。他還擔心上帝要他稟報，他從本應用在宗教活動的時間裡，摳出多少來處理國務了。[24]

希臘人都善於言辭和爭辯，當然個個都是詭辯家，他們一刻不停地以各種爭執攪亂基督教。愈是腐化的宮廷愈是虛弱，僧侶們在宮廷裡享有很高的聲譽，他們與宮廷彼此姑息養

---

[23] 佐納拉斯和尼塞弗里：《巴希爾和里奧傳》（*Vie de Basile et de Léon*）。——孟註

[24] 帕希梅爾，第七卷。——孟註

奸，結果便是雙方都罹患惡疾。這樣一來，皇帝們有時就得拿出精力來平息神學爭吵，但更多時候卻是激化神學爭吵，正如人們所見，這種神學爭吵愈是激烈，就愈是瑣碎無聊。

米凱爾．帕列洛古斯在位期間因宗教爭論多次引發騷亂。當他看到突厥人對亞細亞的恣意蹂躪時，歎著氣說，某些膽大妄爲的狂熱分子斥責他的行爲，借此煽動一些臣民反對他，逼迫他全力自保，不操心外省是否敗落。他說：「我只能借助外省總督之手，給這些遙遠的地方提供一些支援，可是，這些總督總是向我隱瞞實際需要，或許因爲他們拿了人家的錢，或許因爲他們害怕受到懲罰。」㉕

君士坦丁堡高級神職人員的權力大得嚇人。發生民衆騷亂時，皇帝和權貴們都躲進教堂，決定他們死活的大權於是就掌控在宗主教手裡，而且可以隨心所欲地行使這個權力，儘管他不直接進行仲裁，但他始終是所有公共事務的裁決人。

大安德羅尼庫斯㉖託人告訴宗主教，他只要管好教會事務就行，國事交由他這位皇帝去處理。宗主教答道：「就好比軀體對靈魂說：我不指望與你共用任何東西，但是，我在發揮自己的功能時也不需要你的任何說明。」

㉕ 帕希梅爾，第六卷。——孟註

㉖ 帕列羅古斯。參閱康塔屈澤努斯：《兩位安德羅尼庫斯傳》（Cantacuzène, *Vie des deux Andronic*），第一卷，第一章。——孟註

君主們無法忍受宗主教們如此張狂的要求，因而常常把他們趕下臺。然而，對於一個迷信的民族來說，在一個被大家認爲是僭越者的宗主教的主持下，所有宗教功能都乏善可陳，於是出現了分裂，老宗主教、新宗主教、最新的宗主教，每個宗主教都有追隨自己的同夥。

此類爭執比有關教義的爭論更可悲，因爲每當一位宗主教被免職，必定發生新的爭執，恰如七頭蛇一樣，砍掉一個頭，立即就會生出一個新頭。

希臘人對於激烈的爭辯已經習以爲常。康塔屈澤努斯攻克君士坦丁堡後，發現皇帝約翰和皇后安娜正忙於在大公會議上對付幾位對立方的僧侶；㉗後來穆罕默德二世圍城時，康塔屈澤努斯也放不下神學問題上的敵意，㉘忙於參與佛羅倫斯大公會議甚於對付突厥人軍隊。㉙

在日常的爭論中，人人覺得自己可能有誤，因而固執和頑固不至於達到極端的程度。但是，在有關宗教的爭論中，由於事物的性質使然，人人都對自己站在正確一邊把握十足，因

㉗ 康塔屈澤努斯，第三卷，第九十九章。——孟註

㉘ 杜卡斯：《最後兩位帕列羅古斯的故事》（Ducas, *Histoire des deux derniers Paléologues*）。——孟註

㉙ 如果聽了那位主張團結的神父的彌撒，就會像怕火那樣避之唯恐不及。大教堂被視為不信教者的神殿。一位名叫耿納迪烏斯的僧侶發出威脅說，誰主張和平，就把誰革出教門（見於杜卡斯：《最後兩位帕列羅古斯的故事》）。——編註（希臘教會和拉丁教會合併於一四五二年，並於當年十二月十二日在聖索菲大教堂舉行盛大儀式予以確認。但是，耿納迪烏斯卻煽動民衆進行騷亂。——編註）

而對那些不思改變自己，卻想改變對方的人十分憤怒。

讀過帕希梅爾史書的人都會看到，神學家們想要自行調解他們的分歧，過去沒能做到，將來也不可能。書中說到一位皇帝，㉚他的一生都用來與僧侶聚會，聽他們布道，促進他們相互靠攏；另一位皇帝則糾纏在沒完沒了的爭論之中。人們感到，如果雙方的方法、耐心和期盼沒有差異，結束爭論的願望也一樣，都以眞誠看待己方的陰謀，尊重己方的仇恨，那麼，就算到了世界末日，雙方也不會和解。

有一個非常著名的實例。應皇帝的要求，宗主教亞森尼宗主教㉛的擁護者們與宗主教約瑟夫的追隨者們簽訂了一項協定，協定規定雙方各自把他們的要求寫在紙上，然後把兩張紙統統扔進火盆，如果其中一張保持完整，就可視爲上帝已經作出裁決，如果兩張都燒掉，他們就終止爭論，捐棄前嫌。結果兩張紙都燒光了，雙方於是合二爲一。和解持續了一整天，第二天，他們說，是否改變意見應該取決於內心說服，而不應該僅憑偶然性。於是戰火重燃，爭論比此前任何時候更加激烈。㉜

按理說，應該給予神學家們的爭論巨大關注，但是卻不得不盡可能把它遮掩起來，因爲

㉚ 安德羅尼庫斯．帕列洛古斯。——孟註

㉛ 亞森尼於一二六六年被撤銷職務，但是在此後四十年中，他的門徒始終拒不承認官方任命的宗主教。——編註

㉜ 帕希梅爾，第一卷。——孟註

費了這麼大力氣去平息這種爭論的結果，反而是抬高了神學家的身價，讓人覺得他們的思想方法既然如此重要，那就用這種思想方法來解決國家的安定和君主的安全問題好了。

指望神學家們靠他們的精明和睿智來結束爭論，猶如試圖設立一些學校，在授課中對榮譽心作精細的講解，以此來清除決鬥之風的想法一樣，都是行不通的空想。

拜占庭的皇帝們行事都不太謹慎，當神學爭論出現暫時的平靜時，他們竟然發瘋似重新煽動它。阿納斯塔修斯、㉝查士丁尼、㉞赫拉克利烏斯、㉟曼努埃爾·科穆寧，㊱向他們的僧侶和人民提出了信仰的幾個要點，然而，皇帝們即使找到了眞理，也依然會說老百姓不認識眞理。因此，在形式上，而且通常是在實質上，他們始終在犯罪，他們試圖向人展示他們對教義的透澈了解，其實他們完全可以在他們所承擔的其他事務中展示這一點。他們於是就上帝的本質展開瑣碎而無聊的爭論，由於學者們太傲氣，上帝不但向這些學者隱匿自己，也不想向世上的大人物們展示自己。

以爲世上有一種在任何方面都能獨斷專行的人間權力，這是一種錯誤的觀點，這種人間

㉝ 埃瓦格里烏斯，第三卷。——孟註（此註和下面三個註均是一七四八年版增添。——編註）

㉞ 普羅科庇烏斯：《祕史》。——孟註

㉟ 佐納拉斯：《赫拉克里烏斯傳》（*Vie de Héraclius*）。——孟註

㊱ 尼塞塔斯：《曼努埃爾·科穆寧傳》（*Vie de Manuel Comnène*）。——孟註

權力從來沒有，今後也絕不會有。權力再大也有盡頭。當大領主在君士坦丁堡開徵新稅時，群情激憤使他發現了以往未能看到的界限。一個波斯國王可以從容地逼迫一個兒子去殺死父親，或是逼迫一個母親去殺死兒子，㊲但是，他卻無法逼迫他的臣民喝酒。每個民族都有一種普遍精神，權力就建立在這種精神的基礎之上，權力若是傷害普遍精神，那就是傷害權力本身，權力的行使也就必然到此爲止了。

希臘人從來不知道教會權力的性質和界限，也不知道世俗權力的性質和界限各在何處，因而接連不斷地時而向東、時而向西，總是迷失正確方向。這正是導致希臘人所有厄運的毒根。

人民的安寧有賴於教會權力和世俗權力的上述重大區分，這種區分不但建立在宗教的基礎之上，也建立在理性和自然的基礎之上。依據理性和自然的要求，有些事物應該切切實實地彼此分開，永遠不能混淆，唯有分開才能持續地存在。

在古代羅馬，神職人員儘管不是一個單獨的團體，但上述區分卻是衆所周知的，猶如我們今天一樣。克勞狄烏斯把西塞羅的房舍獻給了自由之神，西塞羅從流放地返回羅馬之後，要求把房舍還給他。大祭司們就此作出決定，當年人民倘若並未就此事專門下達命令，那就

㊲ 參閱沙爾丹：《波斯的政治和軍事統治》（Chardin, *Description du gouvernement politique et militaire des Persans*），第二章。——孟註

應該物歸原主而不會對宗教造成傷害。西塞羅說：㊳「他們宣布，他們所審查的只是將房舍獻給神這件事的有效性，而不是人民制定的法律；他們以大祭司的身分已經審查了此事的有效性，以後他們將以元老的身分審查人民制定的法律。」

㊳《西塞羅致阿提庫斯的信》，第四卷，第二封信。「隨後，瑪庫斯·盧庫魯斯代表其全體同僚答覆說：大祭司們是宗教事務的裁決者，元老們則是法律條文的裁決者；他本人已跟同僚們一起制定了宗教方面的規定，他們隨後要在元老院裡跟元老們一起制定法律。」——孟註

第二十三章　東羅馬帝國長期存在的原因與覆滅

聽完了我剛才所說拜占庭帝國的種種事情之後，有人自然會問：它怎麼能維持這麼長久呢？我認爲有以下幾個原因。

阿拉伯人進攻東羅馬帝國並占領了若干行省之後，首領們爲爭當哈里發而鬧得不可開交，最初的狂熱之火所能燃起的只是內部紛爭。

阿拉伯人征服波斯之後出現了內部分裂，實力大減，拜占庭人不必再將帝國的主要兵力派駐幼發拉底河沿岸。

一位名叫加里尼庫斯的建築師，從敘利亞來到君士坦丁堡後，發現了一種火的成分，用一根管子吹出來的這種火非同一般，無論是水還是用來撲滅普通火的東西都只會使它燃燒得更旺；希臘人於是占爲己有，在此後的數百年中用來燒毀敵人的船隊，尤其是阿拉伯人的船隊，這些來自敘利亞或非洲的阿拉伯人對希臘人實行攻擊，一直打到君士坦丁堡。

這種火被定爲國家機密，君士坦丁七世波爾菲羅格尼托斯在留給兒子羅曼努斯的著作中談及帝國的治理時告訴他，蠻族若是向他討要「希臘火」，就回答他們說，他無權把希臘火給他們，因爲把這種火送給君士坦丁皇帝的那位天使，不允許把這種火傳給其他民族，此前曾有人膽大妄爲，把這種火傳給別人，結果此人在進入教堂時被天火吞噬。

哥特人和阿拉伯人在各自的地盤上到處摧毀商業和手工業時，君士坦丁堡是世界上唯一和最大的商業中心。絲織工廠從波斯轉移到了君士坦丁堡，自從阿拉伯人入侵之後，波斯的絲織業一落千丈。此外，拜占庭人還控制了海洋。國家因此而獲得巨大的財富，應急物資自然也就相當充足，公共資金一旦有所短缺，立即就能得到補充。

且舉一例。年邁的安德羅尼庫斯．科穆寧不啻是拜占庭的尼祿。不過，儘管他幾乎一無是處，倒有一點值得讚賞，那就是堅決制止權貴們的不公正和勒索行爲。我們注意到，①在他執政的三年中，好幾個行省得到重建。

最後，居住在多瑙河沿岸的蠻族安定下來以後，就不再令人恐懼，而且成了防禦另一些蠻族的屏障。

就這樣，帝國因治理不善而日趨衰敗之時，卻有一些特別的東西②繼續支撐著它。恰如今天我們所看到的，一些歐洲國家儘管孱弱，卻依靠來自西印度的財寶得以維持，教宗的世俗領地憑藉民衆對君主的尊敬得以維持，野蠻的海盜因阻撓小國進行貿易而使大國從中獲益，③因而得以生存。

鄂圖曼帝國今天的衰弱程度與當年拜占庭帝國大體相同，不過，鄂圖曼帝國還將長期存在，因爲無論哪位君主若是繼續征戰，從而將帝國置於險境，歐洲④的三個精於利害關係的

---

① 尼塞塔斯：《安德羅尼庫斯．科穆寧傳》（*Vie d'Andronic Comnène*），第一卷。——孟註

② 東西（choses）在一七三四年版中為原因（causes）。——編註

③ 他們在地中海騷擾義大利人的海上航行。——孟註

④ 此處指英國。——編註

商業強國肯定立即挺身而出，捍衛鄂圖曼帝國。⑤

上帝允許世界上有一些民族⑥徒勞無益地擁有一個大帝國，這是它們的福氣。

巴希爾二世．波爾菲羅格尼托斯在位期間，阿拉伯人在波斯的實力被摧毀，當時波斯的蘇丹是薩姆布拉埃爾的兒子馬哈茂德，他從北方召來三千鄂圖曼土耳其人作爲輔助兵力。⑦被召來的士兵流露出某種不滿情緒，馬哈茂德遂派兵鎮壓，但被突厥人擊敗。馬哈茂德怒不可遏，命令這些士兵身著女人的袍子前來見他。士兵們投向突厥人，突厥人首先擊退守衛阿拉克斯河上橋梁的衛隊，爲大批同胞打開一條通道。

突厥人征服波斯後，在帝國的土地上從東到西廣爲擴散，羅曼努斯四世試圖加以阻擋，結果是戰敗被俘。突厥人征服了拜占庭人在亞細亞所擁有的幾乎全部土地，一直挺進到博斯普魯斯。

稍後在阿歷克塞．科穆寧在位期間，拉丁人侵入西羅馬帝國。不幸的是，兩個民族因習俗不同而相互敵對由來已久，彼此仇恨很深，幸虧義大利人準備先對付他們所害怕的德意志

---

⑤ 教宗利奧十世在位期間曾有一個計畫，依據這個計畫，皇帝應該經由波士尼亞前往君士坦丁堡，法蘭西國王應該經由阿爾巴尼亞前往希臘，其他君主則應在其他港口登岸。在我看來，如今針對鄂圖曼帝國的計畫是不認真的，或許是由一些不懂歐洲利益的人制訂的。——孟註

⑥ 在一七三四年版中，此處有「突厥人、西班牙人等最適合的人……」。——編註

⑦ 參閱其父阿曆克西烏斯的傳記，第十、十一卷。——孟註

皇帝，而不是他們所仇恨的拜占庭皇帝，否則，拉丁人和拜占庭這兩個民族之間的惡鬥早就爆發了。

就在這個時機，一種有關基督教的說法突然在歐洲廣爲傳播：耶穌基督出生地和受難地遭到異教徒的褻瀆，消除這種罪惡的辦法就是把這些異教徒從這些地方趕走。喜歡打仗的人在歐洲比比皆是，這些人罪行累累，亟須消罪，有人向他們建議透過追隨宗教激情去消罪，於是人人拿起十字架和武器。

十字軍抵達東羅馬帝國，包圍並攻陷尼西亞，緊接著就把尼西亞還給拜占庭。正當異教徒們驚愕不已時，阿歷克塞．科穆寧和約翰．科穆寧卻把鄂圖曼土耳其人再度驅趕到幼發拉底河。

但是，不管拜占庭人能從十字軍遠征中獲得多大好處，見到這許多豪氣沖天的英雄和如此大量的軍隊一批批從自己的國家經過，無論哪位皇帝肯定都會因處境險惡而渾身發抖。

皇帝們於是想方設法讓歐洲人厭惡十字軍的遠征，致使十字軍處處碰壁，背信棄義和背叛出賣隨處可見，總之，凡是卑怯的對手所能做的無一缺失。

應該承認，爲了讓所到之處的人民能夠忍受十字軍的到來，帶頭進行十字軍遠征的法蘭西人沒有作出任何努力。從安德羅尼庫斯．科穆寧對法蘭西人的咒罵⑧中不難看出，我們在

---

⑧ 參閱尼塞弗里．布里埃尼：《君士坦丁十世和羅曼努斯四世傳》（*Vie de Constantin Ducas et de Romian*

異族境內的行爲根本就絲毫不加檢點，那時我們法蘭西人的毛病，正是今天我們被人斥責的那些毛病。

一個法蘭西伯爵自說自話地登上皇帝寶座，博杜安伯爵上前拉住他的手臂說：「你應該懂得入鄉隨俗這個道理。」那個伯爵回答說：「說得好，一個鄉巴佬坐在這裡，這麼多將領卻都站著！」

隨後到來的德意志人是世界上最優秀的民族，我們做的那些蠢事讓他們吃夠了苦頭，他們無論走到哪裡，都會遇到被我們激怒的人群。[9]

最後，憎恨達於頂點，威尼斯商人受到的惡劣待遇，加上野心、貪婪和虛僞的宗教狂熱，終於促使法蘭西人和威尼斯人對拜占庭帝國發動了十字軍遠征。

他們發現拜占庭人根本不會打仗，就像前不久韃靼人發現中國人不會打仗一樣。拜占庭人脂粉氣十足的服裝遭到法蘭西人的嘲笑，法蘭西人穿著花俏的衣服走在君士坦丁堡大街上，手裡拿著文具包和紙張，以此嘲弄這個不再尚武的民族，[10]而且在戰後拒不接受任何拜占庭人加入他們的隊伍。

Diogène）。——孟註

⑨ 尼塞塔斯：《馬努埃爾．科穆寧史》（*Vie de Manuel Comnène*），第一卷。——孟註

⑩ 尼塞塔斯：《馬努埃爾．科穆寧史》，第三章，君士坦丁堡陷落後。——孟註

威尼斯人和法蘭西人占領了整個西羅馬帝國，選舉佛蘭德斯伯爵爲皇帝，這位伯爵擁有的領地都在遠處，不會讓義大利人⑪眼饞。拜占庭依舊留在東羅馬帝國，與鄂圖曼土耳其人隔著高山，與拉丁人隔著大海。

拉丁人在戰爭中未曾遇到阻擋，發現了許多可以立足的地方，拜占庭人再度從亞細亞前往歐洲，重新占領君士坦丁堡和幾乎整個西方。

然而，這個新帝國只不過是原帝國的一個影子而已，既沒有原來的資源，也沒有原來的實力。

它在亞細亞所擁有的地盤僅限於梅安得爾河和這邊的若干行省，在歐洲的土地則大多數是零散的小主權單位。

此外，在拉丁人占有君士坦丁堡的六十年中，戰敗者四處逃散，戰勝者忙於打仗，所以，商業幾乎全部轉移到義大利的各個城市中去了，君士坦丁堡的財源丟失了。

國內貿易也由拉丁人經營。新近重新在此定居的拜占庭人什麼都怕，於是與熱那亞人達成妥協，給予他們免稅通商自由。⑫威尼斯人雖然只同意休戰而不願意媾和，但因拜占庭人不敢得罪他們，所以他們也享受免稅優惠。

---

⑪ 此處指威尼斯人。——編註

⑫ 康塔屈澤努斯，第四卷。——孟註

曼努埃爾．科穆寧在攻下君士坦丁堡之前已經將海軍廢棄，但商業依然存在，想要重振海軍並非難事。可是，新的帝國澈底放棄了海軍，實力衰退日益加劇，因而也就無可補救了。

這個被大海分隔的國家擁有多個島嶼，許多地方的四周都是大海，卻沒有可供航行的船隻。各個行省之間往來斷絕，居民爲了躲避海盜，只得往內陸遷徙，抵達內陸之後，又被要求住進堡壘，以防鄂圖曼土耳其人的攻擊。⑬

鄂圖曼土耳其人此時對拜占庭人展開了一場奇特的戰爭，堪稱名副其實的「獵人戰」。他們常常爲了搶人而一口氣奔襲二百多里。這些鄂圖曼土耳其人分別是多位蘇丹的部屬，所以無法透過送禮與他們媾和，若是與其中的某幾股勢力單獨媾和，那是純屬徒勞。⑭他們皈依了伊斯蘭教，宗教狂熱使他們極其瘋狂地蹂躪基督教徒的土地。此外，他們是世界上相貌最醜陋的民族，女人與男人一樣奇醜無比。⑮鄂圖曼土耳其人見到拜占庭女人後，再也看不上其他女人了，⑯於是劫人事件接連不斷。總之，這些傢伙無時無刻不在搶劫擄掠，從前給

---

⑬ 帕希梅爾，第七卷。——孟註

⑭ 康塔屈澤努斯，第三卷。——孟註

⑮ 哥特人喬南德斯講述過一則北方人的傳說：哥特人的國王費里梅爾進入色雷斯人的土地時，見到了一些巫婆，立即下令把她們趕得遠遠的，巫婆們在荒漠上遊蕩，與夢魔中的惡魔野合，生出來的便是匈奴人。——孟註

⑯ 米歇爾．杜卡斯：《約翰．馬努埃爾、約翰和君士坦丁傳記》（Michel Ducas, *Histoire de Jean Manuel, Jean et*

羅馬帝國帶來無窮災難的也是這些匈奴人。

在拜占庭帝國殘存的亞細亞土地上，到處都是鄂圖曼土耳其人，免遭劫掠的民眾都在他們到來之前逃往博斯普魯斯，有船隻可利用的人則去往帝國的歐洲部分，那裡的人口因而驟增。然而，不久之後人口卻又降了下來。原來是發生了激烈的內戰，交戰的兩派各自邀請不同的鄂圖曼土耳其人，蘇丹前來支援，突厥人提出的條件既苛刻又野蠻：⑰他們可以把在對方地盤上俘獲的所有居民當作奴隸；兩個派別一起動手，幫助邀請者把整個民族毀掉。

巴耶濟德擊敗了其他所有蘇丹之後，鄂圖曼土耳其人倘若不是因爲他們自己當時正處於被韃靼人滅掉的險境之中，他們很可能就把後來穆罕默德二世所做的事完成了。

我實在沒有勇氣敘說後來的悲慘情景，我只想說，在最後幾位皇帝在位期間，東羅馬帝國的全部領土只剩下君士坦丁堡的郊區一角，恰如萊茵河在投入大海之前變成了一條小溪。

Constantin），第九章。君士坦丁七世在他的《使團摘錄》中寫道，蠻族來到君士坦丁堡後，羅馬人不得不加倍警覺，不讓他們發現自己的財富和女人。——孟註

⑰ 參閱康塔屈澤努斯：《約翰·帕里奧羅古斯皇帝和約翰·康塔屈澤努斯皇帝傳記》（*Histoire des empereurs Jean Paléologue et Jean Cantacuzène*）。——孟註

附錄一　有關《羅馬盛衰原因論》的資料

134—141 ——對《羅馬盛衰原因論》無用的文字。

134（**572. I，f°441 v°**）——無論羅馬人以他們喜歡的何種方式向我們講述他們與高盧人的戰爭，他們畢竟簽署了屈辱的條約；根據條約規定，羅馬人今後只能在耕地時使用鐵器，而被他們一再提到的布倫努斯儘管戰敗，卻沒有停止前進的腳步，也不曾放棄燒殺擄掠的行徑。

135（**573. I，f°441**）——腓力和珀爾西亞與其說是被擊敗，不如說是被嚇壞。埃及諸王低三下四地懇求高抬貴手，其餘諸王一個個低頭臣服，帕加瑪和比提尼亞的國王更是以成爲奴才自詡。

136（**574. I，f°441**）——涅爾瓦在位時期被稱爲一個時代，在他之前先後有十二位凱撒，就像出自同一家族似的，直到圖密善才告終結，其實這都沒有道理。蘇埃托尼烏斯撰寫了十二位凱撒的傳記，塔西佗爲我們留下的幾乎只有這十二位皇帝的故事，看起來，大家已經習慣於把這十二位皇帝放在一起，並且把涅爾瓦在位期間視爲一個新朝代。

137（**575. I，f°442**）——古人對於光榮和品德持有一種非常錯誤的觀念，他們因宗教而把古代英雄視爲來到人間展示自己的諸神；赫丘利、忒修斯以及另外一些人，都因他們的戰功而被奉爲諸神，因此之故，那些仿效他們的人也都被視爲兼具美德和優良品質的人，遠勝其他人。

亞歷山大自然就會出於虛榮心，自詡與赫丘利和巴克斯同是朱庇特之子。他絲毫不認爲，他所做的是與他們所做的同樣的事，他只是一個人，在他們之後做了他們曾經做過的事而已。可以這麼說：在某段時間裡，赫丘利和巴克斯就是亞歷山大，或者反過來說，亞歷山大就是赫丘利和巴克斯。

這些人英勇征戰，卻不知道爲什麼？有什麼用？他們蹂躪大地只是爲了展示自己的品德和健強的體魄。我們若是能夠充分地掂量一下這些事情的價值，這些英雄就變得滑稽可笑，以至於想要捍衛他們的人比他們更加滑稽可笑一千倍。

138（576. I，f°442 v°）——安東尼．瑪律庫斯——從來沒有一位哲人比他更讓人們體會到自己溫柔的品德和自身的尊嚴：心被感動，靈被放大，精神得到提升。

139（577. I，f°442 v°）——自由總是以激烈的方式獲得，卻在不知不覺中消失。①

140（579. I，f°444）——條件差的國家通常比較自由，因爲它們無法向君主提供稱王稱霸所需的一切。

141（580. I，f°444）——任何偉業永遠都不可能在珀爾西亞手中獲得成功。此人既吝嗇又愚不可及，竟然認爲保護他的財寶與保衛他的國家無關，對於他來說，凡是可能讓他破費的事，都不是保護他自己的手段。一旦獲得小小的一點成功，他就欺騙盟友。一旦遇到

① 我覺得已經把這句話寫進了《羅馬盛衰原因論》。——孟註

一點挫折，他就垂頭喪氣，六神無主。他只需把守住前往馬其頓的通道就行。可是他卻因驚惶失措而打開這條通道。總之，這位君主碌碌於蠅頭小利之爭，把狡詐視爲爲君主的唯一美德，事必躬親卻絲毫不懂成功之道。

如果說他曾具有某些個人品德，那是指他處在如下的境況中：希臘人民開始看到，羅馬人對他們談論自由，只不過爲了當他們的主子而已。羅德島人只願意以仲介身分行事。

142—146 ——對於《羅馬盛衰原因論》來說是多餘的。

142（**673. I**，**p. 466**）——當你發現，一位君主一生作了無數好事，卻遭到史學家的貶斥，那就可以肯定，他所處的時代對於這些史學家的思想方式的影響，超過了這位君主的美德對他們的影響。另一位君主劣跡斑斑，卻被捧上雲端，那麼同樣可以肯定，他所處的時代所造成的偏見，使得史學家不能以理性來看待這位君主的種種弊端和惡行。

143（**673. I**，**p. 467**）——東方人和非洲人在戰爭中使用大象，只在對陣某個國家的初戰中效果較好，令對方恐懼萬分。但是，對方很快找到辦法讓大象狂怒，調過頭來攻擊己方。

144（**676. I**，**p. 467**）——羅馬人很幸運，他們找到了一種裝置，可以方便地拴住敵方的船隻。他們的士兵比迦太基士兵優秀，善於作戰。他們雖然不懂航行技術，也不認識海岸位置，不懂掌握季節和時間等等，但是他們具有榮譽感等優勢，以至於他們的執政官盧塔提烏斯能以一場勝利結束第一次布匿戰爭。

145（677. I，p. 468）——狄翁說，奧古斯都曾試圖讓人稱他爲**羅慕路斯**，但是當他獲悉人們擔心他企圖自立爲王以後，便放棄了這一想法。②

早期羅馬人不希望有國王，因爲他們無法忍受國王的權力。羅馬人起初根本不想要國王，以免被迫接受國王的習俗。凱撒、三巨頭執政官和奧古斯都儘管都是名副其實的國王，但是他們畢竟還保持著平庸的外表，在他們的私生活中畢竟還顯示出某些與當時其他國王的奢靡格格不入的東西。早期羅馬人不想要國王，這意味著他們想要保持原有的習俗，不願接受非洲人和東方人的習俗。

佛羅倫斯的簡樸習俗。

亞歷山大試圖得到馬其頓人的崇敬，實在是他的不幸。

想要改變政體的君主，控制了國家卻又不想讓人民有所察覺的君主，應該盡一切可能保持共和國的簡樸習俗，因爲，人民看到的往往是共和國的外表，沒有任何東西比這一點更能讓人民覺得，國家根本沒變或者只有一點點變化。佛羅倫斯的大公們在這一點上做得極其出色，他們執掌了統治權，卻保持著共和國的簡樸。

---

② 放入《論法的精神》。——孟註（見《論法的精神》，第十九章，第三節。——編註）

146（678. I，p. 469）——奧古斯都設置了一項稅收，稅額爲收入的二十分之一，③人民和元老院都有微詞。於是他讓人民和元老院探索一種稅額較低的徵稅方法。人民和元老院都很爲難，結果只得依舊維持二十分之一的稅額。臣民們一聽到某些稅收的名目就可能陷入絕望，君主們想把他們從中解脫出來並非難事。人民天生的弱點和人爲的無知狀態使他們染上了某些疾病，若是不願把病患治癒，那就顯得心腸有點太硬了。

147（713. I，p. 480）——一個在世界上聲譽卓著的團體，倘若能不受拘束地編撰一部現代史，我想，那些以其良知和成就而受到編撰者關註的君主，都是偉大的君主，其餘的君主都是渺小的君主。④

148（714. I，p. 480）——由士兵⑤選舉皇帝的慣例起源於共和國時代，某位將領完成了一件壯舉，士兵們便宣布他爲皇帝。皇帝只是一個榮譽稱號，⑥但是，當這個稱號擁有權力時，軍隊繼續賦予這個稱號，於是就如我們所見到的那樣，稱號成就了事業，統治著天下。

---

③ 放入《論法的精神》。——孟註

④ 我曾把這段話寫入《羅馬盛衰原因論》，後來刪除了。——孟註

⑤ 這段話也被我刪除了。——孟註

⑥ 這兩個稱號並不因此而不顯赫，因為，當某位皇帝完成了一件壯舉後，士兵們尊稱他為「Imperator」。（編註）。——孟註

149—151 ——未能寫進《羅馬盛衰原因論》的文字。

149（714. Ⅱ，f°219）——我就塔克文曾說：「在那個時候，人們對於一個人的統治持遠離態度。韋伊人因爲有了一位國王而被托斯卡尼的所有城市拋棄。阿爾巴自行恢復自由。波塞納王國沒能繼續存在。」

我就塔克文的性格曾說：「世界上的一切都不是黑白分明的。在一個機制良好的國度裡，惡劣的行徑始終含有某種公共美德的成分，在一個腐敗的共和國裡所看到的美德，往往包含著某些腐敗的成分。」

150（1479. Ⅱ，f°219）——塞爾維烏斯把選舉國王的權力和任命民事法官的權力，從元老院轉移到人民手中。他支付了一些人的債務，把土地分給無地民衆，消除了徵稅中的專斷行爲，免除一些貧苦公民的稅賦。他還接納釋奴參加公民大會，接納平民進入元老院。⑦

151（1480. Ⅱ，f°219，v°）——加圖是沒收賽普勒斯國王財寶的那項可恥法律的執行者，他的全部美德就是不對掠奪者實行掠奪。

---

⑦ 參閱狄奧努西烏斯．哈里卡爾納斯，第四卷以及佐納拉斯的著作。——孟註

152—154——從即將新版的《羅馬盛衰原因論》一書中刪除的文字，以及未能寫入該書新增部分的文字。⑧

152（**1522. II**，**f°236**）——羅馬軍隊中有一種病，叫作「營地病」。⑨原來羅馬軍隊沒有堡壘，而是以營地替代堡壘，士兵們擁擠地駐紮在營地中。爲了防止營地病，羅馬軍隊經常更換營地，這樣一來，士兵們由於體力勞動增多而變得更加強壯。

153（**1532** ***bis.*** **II**，**f°237**）——公民有三種炫耀身分的手段：一是比出身，例如貴族與平民相比；二是比等級，例如元老與騎士相比，騎士與普通百姓相比；三是比父親，例如父輩當過坐象牙椅高官的人，這一點類似我們現今的貴族。

154（**1532 ter. II**，**f°237v°**）——這條註腳在巴黎版中被檢查官刪去：

「如果查理一世和詹姆斯二世時代的宗教允許自殺，前者就不必如此死去，後者就不必如此活著。」

---

⑧ 被刪除的文字未在此處刊出，請見《羅馬盛衰原因論》的註腳。——編註

⑨ 參閱韋格蒂烏斯，如今已見不到這種病，現今的營地比羅馬人的營地寬闊。——孟註（參閱韋格蒂烏斯：《兵法簡述》，第三卷，第二章。——編註）

155—159 ——未能寫入《羅馬盛衰原因論》的文字。

155（1669. Ⅲ，f°16）——喀提林的密謀計畫不周、方向不明、難於開始、不可能完成；與其說是出於野心，不如說是由於無能和絕望使然。

但是，此次密謀有其獨特之處，那便是這是一個參與者衆多的毀滅羅馬共和國的謀劃。從蘇拉手中分到土地的人、被蘇拉奪走土地的人、野心勃勃的權貴、兩手空空的窮人、憎惡龐培的人、支持元老院的人、站在人民一邊的人，所有這些人都期待著發生一次巨變。

我們在西塞羅的信札中看到了有關羅馬人腐敗的、貨眞價實的材料……

喀提林的密謀之所以在歷史上非常有名，是因爲在這次密謀中殺人很多、參與或支持此次叛亂的權貴人數很多。因爲，這是一次計畫不周、方向不明、難於開始、不可能完成的預謀；與其說是野心使然，不如說是由於無能和絕望。

156（1670. Ⅲ，f°16 v°）——蘇拉當上執政官之後，與他的同僚透過抽籤決定行省的歸屬，獲得了與米特拉達梯開戰的授權。馬略爲了阻止蘇拉的行動，竭力在共和國內製造前所未有的混亂。他借助新的法律和暴力，爭取到了保民官蘇爾皮西烏斯的支持，把義大利各城市的小民召到羅馬，從而把蘇拉獲得的授權奪了過來。

蘇拉匆匆跑去找軍隊，馬略連忙趕到聽命於他的那幾個軍團的駐地卡普阿，向官兵們講清了馬略想要加諸他們的過錯，還向其他士兵許諾跟隨他作戰的榮耀和好處，各個軍團於是在他的帶領下攻入羅馬，擄走了馬略及其同夥。⑩

157（**1671. Ⅲ，f°16 v°**）——君士坦丁和另一位我不願指名道姓的君主，都是歷史學家們既可以任意褒揚，也可以任意貶斥的君主。

158（**1672. Ⅲ，f°17**）——有人或許希望我對羅馬共和國的政治體制作一番詳細的論述，我倒是要請大家讀一讀波利比烏斯的相關著作，他對執政官、元老院和人民在這個政體中的地位和作用作了很好的解析。尤爲重要的是，他筆下的羅馬共和國正處在克服了危機、取得了重大成就的時刻。

159（**1674. Ⅲ，f°17 v°**）——懷有對貴族強烈仇恨的羅馬人民，更換手法而不更換目標，他們起初透過削減特權來降低貴族的地位，隨後則透過提高一個人的權力來降低貴族的地位。

雅典人民對於所有曾經爲他們效力並有所建樹的那些人，懷有一種與生俱來的嫉妒。他們爲了不至於永遠害怕那些人，便乾脆澈底擺脫那些人。羅馬人民則恰恰相反，他們非常崇敬那些因功勛卓著而出人頭地的人，總是給他們增添新的榮譽，似乎非要親手把他們打造成暴君不可。原因在於，雅典人民是由經過挑選的公民組成的，他們感到自己是自由的，而人數奇多的羅馬小民則自認爲是奴隸。雅典人民最怕主要公民的野心，羅馬小民最期盼的是得

---

⑩ 阿庇安：《內戰記》，第一卷，第五十五—六十節。——孟註

到偉業建樹者們的青睞；每當他們聽到某位將領大獲全勝時，心裡暗暗呼喚這位將領趕快前來頂替傲氣十足的貴族。雅典人民人數不多，睿智的人能夠讓他們聽從勸導，找到讓他們關照自身利益的辦法；羅馬小民人數奇多，難以聽取教導和警告，無法得到糾正。

元老院的處境不佳，甚至無法得到其組成人員的保護。有些試圖發財致富的人如同保民官那樣煽動人民，大多數人則另有自己的許多利益，而且往往把自己的利益凌駕於元老院的利益之上。唯有少數幾位在民事管理中表現得十分出色，而且私產極少的人堪稱名副其實的元老。然而，對共和國的熱愛似乎變得不合時宜了。當所有人都追隨蘇拉、馬略、凱撒、龐培、克拉蘇斯的時候，唯有法沃尼烏斯和加圖繼續談論往昔的習俗和法律。⑪

160—179 ——未能寫入《羅馬盛衰原因論》的文字。⑫

160（2183. Ⅲ，f°456）——「公民人口普查是明智之舉，借此可以探明公民的現狀以及他們的實力。人口普查制度的首創者是塞爾維烏斯．圖利烏斯，歐忒洛庇在他的著作第一

⑪ 請注意，在第四五六頁上另有一些未能寫入《羅馬盛衰原因論》的文字。——孟註

⑫ 請注意，這些文字開始於第十六頁。——孟註

卷⑬中寫道，此前全世界從無人口普查制度。」

這是我從《羅馬盛衰原因論》中刪除的一條註腳。我本想增添以下文字：「歐忒洛庇說，在他之前全世界從無人口普查制度，他的這句話不太對。」

161（**2184. Ⅲ，f°456**）——他們已經沒有政治品德和軍事才能，只能依仗民法知識和無恥地濫用民法知識的技藝獲得尊貴，這種技藝在於戕害無辜，縱容罪惡。

162（**2185. Ⅲ，f°456 v°**）——老闆。老闆與顧客彼此應盡的義務，非常有助於羅馬人維持他們的某些美德。

163（**2186. Ⅲ，f°456 v°**）——這些允許人人得以誅殺喪失忠誠的罪人的法律，對於製造恐怖而言是好法，但可能很危險。然而，不管怎麼說，對於法律准許人人得以誅殺暴君這一點，不必感到驚奇。這符合羅馬人的習俗，他們在對待另外一些罪行時也是這樣。應參閱《費斯圖斯辭典》（*Festus*）和其他辭典中的動詞 sacer 條。

努瑪制定的法律對拆毀或移動界碑的罪行（參閱狄奧努西烏斯．哈里卡納斯，第四一〇頁），⑭以及對人民保民官施暴者，也都有相同的規定。⑮

---

⑬ 歐忒洛庇：《羅馬簡史》，第一章，第七節。——編註

⑭ 狄奧努西烏斯．哈里卡爾納斯，第二卷，第七十四節，第五卷，第八十九節。孟德斯鳩此處指該書的一五八六年法蘭克福版。——編註

⑮ 狄奧努西烏斯．哈里卡爾納斯，第一三三頁。——孟註

164（2187. Ⅲ，f°457）——囚犯不再被視爲公民，必須重新做人，否則就不再是羅馬公民。⑯

165（2188. Ⅲ，f°457）——由於敘利亞帝國的衰落，從塞琉古開始，行省的行政長官職位就在同一個家族中傳承。借助這些行政長官的欺詐，海盜們到處畜奴。⑰

166（2189. Ⅲ，f°457 v°.）——在我的斯特拉波（第十四卷）摘錄中可以看到，羅馬人爲何往往不願信任羅馬的官吏，卻信任某些需要永遠受人尊敬的外省國王。

167（2190. Ⅲ，f°457 v°.）——在雅典，攀登城牆是不被允許的，違者處以死刑。⑱我覺得，與其說這是一種危險的想法，不如說這是一種不公正的想法。因爲正如馬塞林納⑲所說，既然法不禁止，何來不公正之說？我以爲，正是這種思維方法從希臘人傳到羅馬人，殺死了勒摩斯。

168（2191. Ⅲ，f°458）——請看我對君士坦丁七世．波爾菲羅格尼托斯的《論至善與至惡》一書「通史」卷第三〇九頁所做的摘錄，卡拉卡拉賦予帝國所有臣民以羅馬市民權的

---

⑯ 參閱該法。——孟註
⑰ 參閱我所做的斯特拉波摘錄，也可參閱他的著作，第十四卷。——孟註
⑱ 參閱麥克爾．以弗西烏斯：《亞里斯多德的政治學》。——孟註
⑲ 馬塞林（Marcellin）（生活在西元五〇〇年前後）評論過赫爾摩根（Hermogène）的修辭學著作。——編註

原因是增加稅收。

169（2192. Ⅲ，f°458）——哥特人是否如喬南德斯所說，是從斯堪的納維亞遷移到亞速海地區，抑或恰恰相反，是從亞速海遷移到斯堪的納維亞，這是一個問題。有人說，這些民族在米特拉達梯的軍隊中服役，米特拉達梯試圖率領他們攻入羅馬，但是被羅馬人的武器或驚嚇擊敗，逃竄到斯堪的納維亞。這種說法收錄在我對北方民族所作的解釋中。

170（2193. Ⅲ，f°458 v°）——在瓦勒瑞安努斯和加列努斯在位期間，斯基泰人渡過多瑙河，並再次劫掠色雷斯之後，圍攻伊利里亞的帖薩羅尼亞，結果被擊退。驚恐萬狀的希臘人爲解除威脅，派遣一支衛隊前往德摩比利。雅典人把蘇拉時代以來未曾修葺的城牆修葺好。伯羅奔尼撒的居民爲自衛修築了一道城牆，自海邊延伸到地峽。斯基泰人……帶著戰利品返回原地。

171（2194. Ⅲ，f°459）——《羅馬盛衰原因論》。——羅馬人有一種思維方式，把奴隸與人分成完全不同的兩類。[20]

羅馬人驅使奴隸與猛獸搏鬥，把奴隸當作角鬥士使用，爲取樂而讓他們互相殘殺。到了夜間，羅馬人讓奴隸們在深坑裡過夜，奴隸們順著梯子下到深坑之後，羅馬人就把梯子搬走。他們一時性起就無緣無故殺死奴隸。主人若是在自己家中被殺，他的奴隸無論是否有

⑳ 參閱有關金礦和銀礦的法典中的相關條文。——孟註

罪，也不管總共有多少奴隸，一律都被處死。患病或年邁的奴隸都被趕出門外，送到醫神阿斯克勒庇俄斯廟裡去。他們剝奪奴隸最珍貴的七情六欲、剝奪奴隸妻子的婦德、剝奪奴隸女兒的貞操、剝奪奴隸孩子的財產。

為什麼要褻瀆人類的天性？為什麼要為自己製造與生俱來的敵人？為什麼要減少公民數量？為什麼只要被震懾於恐懼的人？

奴隸之戰！這是亙古至今最正義的戰爭，因為戰爭的目的就是阻止對人類本性最粗暴的濫用。

所有立法者的不幸……所有國家的不幸……

奴隸愈多，奢華愈甚。

在一個國家裡不應該有一個不幸的群體。

角鬥士和奴隸，他們展示的是忠誠。

羅馬人自以為生活在一個偉大的國家裡，無須再期盼什麼，也無須擔心什麼，然而，三件事卻讓他們陷於覆滅的危險之中。

辛布里人和條頓人都是未曾相識的敵人，他們如同漢尼拔那樣在某個時刻突然出現，從義大利攻擊羅馬。他們的人數、凶殘和吼聲讓羅馬人大驚失色。他們來到羅馬，若不能戰勝，就要被殲滅。馬略、蘇拉幸運地將他們殲滅，從而把北方民族後來進行的巨變推遲了數百年。

不久之後又發生一場戰爭，這場戰爭的危險性絲毫不比前一場小，因爲這場戰爭旨在粉碎共和國內部的一個人群，而所有對外戰爭的命運都繫在他們身上。衆所周知，羅馬周圍的那些小共和國把政府的一部分權力交給了羅馬人，其依據是羅馬人此前與殖民地簽訂的協議或給予殖民地的優惠。

因此之故，羅馬雖然腐化成風，卻依然擁有足夠的力量抗擊接連發生的三次危機：辛布里人和條頓人之戰、奴隸戰爭和角鬥士之戰。羅馬共和國在這三個事變中尤其值得稱道之處是，條頓人幾乎未曾抵抗就一敗塗地，另外兩次事變被鎮壓下去後，並未傷及羅馬共和國的政體，不像後來的社會戰爭和隨後的和平時期，羅馬的政體遭到澈底的破壞。

172（**2195. Ⅲ，f°460** ***bis*** **v°**）——李錫尼的艦隊和君士坦丁的艦隊的船隻數量。李錫尼的艦隊比較強大，他可以調動的三層槳戰船數量極多：埃及的八十艘、腓尼基的八十艘、愛奧尼亞的六十艘、多利斯的六十艘、賽普勒斯的三十艘、卡里亞的二十艘、比提尼亞的艘條。㉑

173（**2196. Ⅲ，f°460** ***bis*** **v°**）——據奧盧斯・格利烏斯（第二十四卷）記述，阿提尼亞法規定，元老可以兼任保民官。設置保民官這個職務爲的是控制元老院，保民官既然可以由元老兼任，這個官職也就失去了效用。

㉑ 參閱佐西穆斯，第一一四頁。——孟註（佐西穆斯：《羅馬史》，第二卷，第七十二節。——編註）

174（**2197. Ⅲ，f°461**）——**羅馬的腐化**。——維斯蒂莉亞㉒宣布自己是妓女，目的是逃避爲保護女主婦的尊嚴而制定的法律。

提比略法把羅馬貴婦們從這個可恥的掩蔽所趕了出來。

175（**2198. Ⅲ，f°461**）——**關於西羅馬帝國的終結**。——從未見過這樣的國家：一部分土地用於爲那些完全獨立的軍隊提供給養，另外一部分土地則用於爲另外一批軍隊提供給養，以便控制那些完全獨立的軍隊！

176（**2199. Ⅲ，f°461 v°**）——馬其頓的國王們有一個習慣，把百姓從一地遷往另外一地，原因是這個國家由多塊土地組成。請看查士丁在他的書中（第八卷，第七十七頁）就亞歷山大之父腓力所說的話。再請看李維書中所記珀爾修斯之父腓力所說的話。他們的興致、政策和意圖都一模一樣。

177（**2200. Ⅲ，f°462**）——再也談不上戰功了。皇帝們在羅馬忙於懲治讓他們討厭的人，就連品德稍稍超群的人都害怕。爲此，皇帝們想方設法阻撓建立功勛。於是，我們看到的都是防禦戰，進攻性的戰爭被阻止。將領們甚至不再考慮沙場建功的事。即使建立了功勛，也只能得到一些凱旋飾物。應該授予的榮譽往往被拒絕授予，不應該獲得榮譽的人卻往往獲得了榮譽，尤其是許多人根本不配獲得榮譽，所以，將領們不再把軍功和榮譽放在心上

㉒ 塔西佗，第二卷，第三十五節，第四十三頁。——孟註

了。此外，凱撒的地方行政長官們由於許可權有所增加，往往干擾將領們的行動。我相信，皇帝們的這一政策，自從日爾曼尼庫斯大勝以來，在數百年時間中，是蠻族在多瑙河和萊茵河後面重振旗鼓和以千人數級急劇增加的原因。

178（2201. Ⅲ，f°463）——普洛布斯在戰勝蠻族、法蘭克、勃艮第人、汪達爾人之後，派遣一部分人前往英格蘭，這些人後來在那裡安頓下來，爲羅馬人提供了很好的服務。㉓

普洛布斯把他征服的斯基泰民族的巴斯塔內人安置在色雷斯，巴斯塔內人此後一直保持忠誠，始終是羅馬人。這是因爲普洛布斯在羅馬鼎盛時期就是這樣做的，而且非常謹慎。㉔

179（2202. Ⅲ，f°463 v°）——我們感到很驚訝，每年更換的羅馬執政官一個個都是大人物，都是了不起的英雄。他們就像我們的國務祕書，既是出色的部門長官，又是出色的國務祕書，與此同時，他們還是出色的部隊和軍團的首長，出色的頭領。㉕

180（2244. Ⅲ，f°467）——《羅馬盛衰原因論》資料續。㉖在一些凱旋慶典中，許多

㉓ 佐西穆斯，第一卷，第三九〇頁。——孟註（佐西穆斯：《羅馬史》，第一卷，第六十八節。——編註）

㉔ 佐西穆斯，第一卷。——孟註（佐西穆斯：《羅馬史》，第一卷，第七十一節。——編註）

㉕ 參閱佐西穆斯，第一卷，第四六七頁。——孟註

㉖ 佐西穆斯，第四六三頁。——孟註

此前不認識的國王畫像在羅馬人民眼前閃過；在另一些凱旋慶典中，羅馬人民以仇恨帶來的愉悅心情，看著沃爾西人的畜群和薩莫內人破碎的武器從面前走過。對於他們來說，前面那種場面遠不如後面那種場面更讓人感到舒心。

180a. 第四章。**當今一場持久的戰爭爲何具有毀滅性**。——最終顛覆我們對羅馬人的想像的，是我們現今找不到一個如同當年羅馬人那樣的民族，能夠長久地保持對其他民族的優勢；這是由於我們現今的處境與當年不同。

軍事方面的新發現拉扯平了所有人的力量，其結果是各個民族的實力都相差無幾，在戰術、武器、軍紀和作戰技藝方面，各個民族如今幾乎處於同一水準。

180b. 荷蘭的土地是當代該國居民辛勤勞動的成果，可以說是從蘆葦底下開發出來的。荷蘭爲我們提供了大量的軍隊。因爲，在歐洲只要有一個角落可以讓這些軍隊生存下去，人們就會把它們聚集起來；若想從其他地方獲得這些軍隊，那就得費盡心機全力以赴。

180c. 關於海戰，如果注意到羅盤帶來的變化，那就會看到，海戰比任何時候更耗資巨大，更不具有決定作用。

180d. 以專制權力治國的皇帝與壞皇帝，不應將他們相提並論、混爲一談。

附錄二　論羅馬人的宗教政策

宗教之所以能在羅馬人當中站穩腳跟，既不是出於恐懼，也不是因爲仁慈，而是如同任何一個社會那樣，羅馬也需要一種宗教。先王們對宗教信仰和宗教禮儀的關心，絲毫不亞於立法和修築城牆。

我發現，羅馬立法者與其他民族的立法者不同，羅馬立法者爲國家而確立宗教，其他民族則爲宗教而建立國家。塔提烏斯和努瑪讓諸神服務於政治，他們創建的宗教信仰和宗教禮儀被認爲極爲明智，以至於先王們被驅逐之後，宗教竟然是人民在瘋狂地追求自由時唯一不敢擺脫的枷鎖。

羅馬的立法家們創立宗教時，並不想改變人們的習俗，也不是爲了訂立道德原則，他們絲毫不想爲那些剛剛進入社會，因而對自己的社會義務尚無認識的人製造麻煩；他們只有一個總體看法，那就是讓天不怕地不怕的老百姓對諸神有所畏懼，藉此把老百姓引導到他們異想天開的方向去。

凡是努瑪未曾做過的事，他的繼任者們一件也不敢做。人民如今遠非從前那樣凶殘和粗暴，他們能夠接受更爲嚴格的紀律。把宗教禮儀所缺的道德原則和規矩增添進去，原本並非難事，可是，羅馬的立法者們十分明智，他們意識到這種改革所蘊含的巨大的風險，因爲若是在宗教禮儀中增添道德原則和規矩，那就等於承認宗教有缺陷，默認宗教已經衰老了；①

①《波斯人信札》，第六十封信。——編註

結果肯定是事與願違，本意是增強宗教的威望，結果卻是削弱宗教的威望。羅馬人憑藉自己的智慧，採用另一種更好的辦法，那就是制定新的法律。人間的機制可以變化，神界的機制應該像諸神那樣永遠不變。

羅馬元老院於是任命佩里烏斯爲大法官，②負責審讀努瑪死後四百年在一個石匣裡發現的這位國王的著作。這位大法官在審讀報告中指出，努瑪的著作中所規定的宗教禮儀與現今實施的宗教禮儀差異甚大，若是實施努瑪制定的宗教禮儀，普通百姓可能心生疑慮，懷疑當今所宗奉的這種宗教的創立者並非早年的立法者，而是女神埃吉里婭。元老院於是通過決議，把努瑪的著作付之一炬。

元老們還採取了更爲審慎的措施，進一步作出規定：未經元老院許可，不得閱讀女神埃吉里婭的書籍；只有在重大時刻需要撫慰人民時，才准許閱讀這些書籍。即便如此，也不准對這些書籍作任何詮釋，況且這些書籍始終都處於封存狀態。由於採取這些明智的措施，狂熱分子和反叛分子被解除了武裝。

未經官員許可，預言家們不得就公共事務發表任何意見，這樣一來，他們的預言才能被置於元老院意志的絕對支配之下。大祭司們的著作對此作出了規定，在西塞羅的著作中可以

② 李維，第四十卷，第三十九章。——孟註

讀到這些著作的片斷。③

波利比烏斯把迷信也視爲羅馬人勝過其他民族的優越性之一。他說，對智者來說是可笑的事，對愚者來說卻是必要的。羅馬人民動輒怒氣沖天，有必要用一種無形的力量來束縛他們。

預言家和占卜師們都是信奉異教的怪異人物，可是，我們如果想到，在一種深得民心的宗教中，任何事情都不顯得荒誕怪異，那麼，這些預言家和占卜師就絲毫也不滑稽可笑。羅馬人的輕信可以彌補一切，在他們看來，與人的理性愈是相悖的事情愈具有神性。一個簡單的眞理不可能強烈地觸動他們，他們需要讚美的對象和神性的徵兆，而這些只有在神奇的事物和可笑的事物中才能找到。

國家能否得到拯救竟然取決於母雞的胃口和犧牲品內臟的位置，這確實荒唐透頂；不過，把這些宗教禮儀引進來的人，對於這些宗教禮儀的長處和短處一清二楚。他們只不過是以正當理由爲名，行反對理性之實。這種宗教信仰倘若比較合乎理性，聰明人當初或許如同民衆一樣會上當受騙，人們原本期待這種宗教帶來的優越性也就蕩然無存。所以，宗教禮儀

---

③ 西塞羅：《法律篇》，第二卷，一五八七年版，第四四一頁。「由他們討論戰爭。但是，如果採取這樣的決定，怪事和惡兆應該提交伊特魯里亞的占卜師們決斷。」——孟註（又見於該書第四四〇頁。「公共祭司分為兩類：一類負責典禮和神聖禮儀；另一類解釋為元老院和人民所承認的占卜師和先知所說的含義不明的話。」——孟註）

應該既能維持一些人的迷信，又能進入另一些人的政治，占卜正是如此。元老們見多識廣，既明白占卜的荒謬，也深知占卜的用處，於是，天上的決斷便在占卜中透過他們的嘴傳達出來。

西塞羅曾說，④占卜師法比烏斯認定的一條規律表明，凡有利於共和國的事必有吉兆。他跟馬塞路斯的想法相同，⑤他認爲，當初因民衆的輕信而使占卜師應運而生，但那時對占卜師的使用僅限於對國家有利的事。他認爲羅馬人與外邦人不同，外邦人無論做什麼事情都求助於占卜師，而羅馬人則僅僅在事關公衆利益時才求助於占卜師。西塞羅告訴我們，⑥擊打在左側的雷電都是吉兆，唯有公民大會召開時例外。在公民大會召開時，判斷徵兆的常規不起作用了，官員們隨心所欲地對徵兆的吉凶作出判斷，徵兆於是就變成了他們勒在民衆脖子上的韁繩。西塞羅還說，⑦爲國家作出決定、召開公民會議、表決法律、審判民衆、選舉新的官員等事項，均需詢問主要公民。此前他還說，聖書中有如下表述：⑧當朱庇特因發

④《論老年》，第五四二頁。「凡有利於國家的事情必然是最大的吉兆，凡是有損於國家法律必然是最大的凶兆。」——孟註

⑤《論占卜》，第二卷，第三十五節。——孟註

⑥《論占卜》，第三九五頁。——孟註

⑦《論占卜》，第三九五頁。——孟註

⑧《論占卜》，第三三八頁。——孟註

怒而打雷時，不應召開公民大會。他指出，官員們作出這條規定的目的，是爲中斷公民大會提供藉口。⑨此外，對於爲祭祀而被殺的牲畜來說，顯示的徵兆是吉是凶無關緊要；因爲，第一頭作爲犧牲被殺的牲畜若是沒有帶來令人滿意的結果，接著就殺第二頭、第三頭和被叫作「替死鬼」的第四頭。埃米利烏斯·保魯斯想要圓滿完成祭祀，不得不接連殺了二十頭牲畜，直到殺死了第二十頭牲畜時，才在這頭牲畜身上發現了有望取勝的徵兆，此時諸神方才息怒。由此而形成的習慣認爲，祭牲時後殺的牲畜永遠比先殺的價值大。凱撒不像埃米利烏斯·保魯斯那樣有耐心，蘇埃托尼烏斯說，⑩凱撒殺了幾頭牲畜後沒有發現吉兆，當即以不屑的神情離開祭壇，直接走進元老院。

由於官員掌控著預兆，所以他們握有可靠的手段，既能讓人民避免一場必定慘敗的戰爭，也能讓人民進行一場確實能帶來好處的戰爭。始終跟隨軍隊行動的占卜師們，與其說是諸神旨意的表述者，毋寧說是統帥意志的詮釋者，他們總是能夠讓士兵們充滿自信。萬一官兵們因出現了凶兆而心生恐懼，機智的統帥總會將徵兆的含義作另一番解釋，把凶兆說成吉兆。西庇阿就是這樣，他從戰船跳上陸地時不慎跌倒，他機靈地抓起一把泥土，說道：

⑨「出於對人民有利的考慮，制定了這條規定：其實是為中斷公民大會提供藉口。」見《論占卜》。——孟註

⑩「殺死多個犧牲後，卻未能見到吉兆，他置宗教法於不顧，徑直走進元老院。」參見《尤利烏斯·凱撒傳》，第一卷，第八十節。——孟註

「哦，非洲的土地，我把你抓在手中了！」跌倒本來是個凶兆，但是他卻用這句話變凶爲吉了。

西西里人登舟出征非洲時發生日食，官兵們驚恐萬狀，想要放棄此次遠征，統帥見狀對官兵們說道：「日食如果發生在我們登舟之前，那確實是凶兆，可是，事實是日食發生在我們登舟之後，那就只能是非洲人的凶兆了。」他以這番話把令人喪氣的徵兆，變成了鼓舞士氣的手段。

占卜師多次警告凱撒，不要在冬季之前渡海前往非洲，他置若罔聞，敵人因此而獲得情報，如果不是因爲凱撒行動敏捷，敵人就有足夠時間調集兵力。

克拉蘇在祭牲時無意中將刀子失落在地上，衆人都覺得這是一個凶兆，他卻不以爲然，安撫衆人道：「打起精神來！畢竟我的利劍從未掉在地上。」

盧庫魯斯即將對提格蘭開戰，有人跑來對他說，這一天不是吉日。他回答道：「好極了，我們用勝利來把它變成吉日。」

傲慢者塔克文想要爲女神馬涅婭舉行一些競技比賽，於是祈求阿波羅降諭，阿波羅含糊其詞地回應說，要祭獻許多腦袋方可。這個迷信而又殘忍的君主於是殺死了好幾個兒童；但是，布魯圖斯改變了這種駭人聽聞的祭獻，他祭獻的是大蒜頭和罌粟頭，神諭就這樣被執行了，或者說被規避了。⑪

死結若是解不開就乾脆剪斷；克勞狄烏斯．普爾凱爾想要進行一場海戰，於是把一些神聖的小雞扔進海裡，他說，既然它們不想吃食，那就讓它們喝水。⑫

將領若不依照預兆行事，有時會受到懲處，這是羅馬的一項新政策。主政者希望藉此告訴民衆，事情沒有辦成、城市被奪走和作戰失利，這些都不是國家機制不佳的後果，也不是共和國國力不強的結果，而是某位公民褻瀆神明，招致諸神發怒的後果。用這種道理進行說服，進而爲民衆所信服並不困難，只需進行一些宗教禮儀和祭牲就可以做到。所以，每當城市受到威脅或是遭遇天災人禍時，總是歸咎於因疏於敬奉而觸怒了某位神祇。爲了避免此類事件發生，需要舉行祭禮和列隊遊行，用火把、硫黃和鹽水把整個城市淨化一次。用作犧牲的牲畜在勒死前被人牽著繞城堡走一圈，這叫繞城祭獻禮。⑬有時甚至要對所有陸軍和海軍都搞一次淨化，說是淨化後的官兵人人士氣重振。

大占卜師斯凱沃拉和大神學家瓦羅說，許多眞事必須隱瞞民衆，而讓他們相信許多假

---

⑪ 馬克洛比烏斯：《農神節》，第一卷，第七節。——孟註

⑫ 瓦萊里烏斯．馬克西姆斯：《善言懿行錄》，第一卷，第四節，第三條。——孟註

⑬ 繞城一周的祭獻禮。——孟註

事。聖奧古斯丁說，⑭瓦羅由此發現了國家高官們的全部政治祕密。

據聖奧古斯丁的報告，⑮就是這個斯凱沃拉把諸神分成三類：一類是詩人認定的；一類是哲人認定的；一類是官員，即主要公民認定的。

既熟讀羅馬史又多少有點洞察力的人，每一步都能發現我們所說的政策的蹤跡。例如，我們看到，西塞羅時刻都在獨自和向衆多的朋友懺悔自己的不信神，⑯還在公衆面前以異乎尋常的激情談論弗里斯的不信教。我們看到了克勞狄烏斯蠻橫無理地褻瀆善良女神的隱祕，元老院鑒於他不信教而先後作出二十次譴責他的決議，元老院曾經狠狠地打擊過他，他向元老院發表一番激情四射的演說，指責元老院鄙視古老的做法和宗教。我們看到，所有公民中最腐敗的薩魯斯特爲自己的著作寫了一篇序言，其嚴肅與莊重堪與加圖相比。我若想窮盡所有的實例，絕不會像他這樣做。

儘管官員們自己並未落入宗教陷阱，但不能因此而以爲他們根本不信宗教。拉夫·卡德沃斯先生⑰有力地證明，不信教者當中有一些頭腦清醒的人，他們敬仰一種至高無上的神

---

⑭ 他揭示了一個治理人民和城市的好辦法。見《上帝之城》。——孟註

⑮ 《上帝之城》，第四卷，第三十一節。——孟註說

⑯ 你難道認為我會糊塗到相信這些事情嗎？——孟註

⑰ 卡德沃斯（Ralph Cudworth，1617—1688），《宇宙的理智體系》（*Système intellectuel de l'Univers*）和《道德觀念的不變性》（*L'Immutabilité des idées morales*）的作者。——孟註

明，民衆對他們的崇拜只是一種分享。不信教者在信仰方面比較隨便，他們認爲敬奉神明本身與信奉神明顯靈沒有區別。比如，首先，敬奉維納斯所體現的大自然的消極力量或稱爲至高無上的神性，是因爲她能產生一切；敬奉太陽或最高存在物，因爲他給所有植物生命，以其熱能使土地肥沃。所以，斯多葛主義者巴爾布斯在西塞羅的著作⑱中說，「上帝以其本性照看世上一切事物，刻瑞斯以其本性照看大地，尼普頓以其本性照看大海。」如果我們擁有阿斯克勒比阿德編纂的那部名爲《一切神學的和諧》的書，我們就能知道得更多。

世界靈魂教條幾乎被普遍接受，人們把宇宙的每個部分視爲一個有生命的成員，世界靈魂就散布在每一個有生命的成員中，所以，人們好像可以不加區別地敬奉宇宙的任何部分，信仰似乎應該是任意的，恰如教條一般。

由此而萌生了主導不信教世界的寬容和寬和精神。人們絕不會彼此迫害、相互廝打，各種宗教和各種神學各得其所，戰爭以及宗教爭執在那裡聞所未聞；只要去神廟敬神，每個公民就都是自家的大祭司。

羅馬人比希臘人更加寬容，希臘人總是把一切搞糟，人人都知道蘇格拉底悲慘的結局。

---

⑱《論神性》，第二卷，第二十八節，第二一〇頁。——孟註（一個神屬於一件事物的本質：刻瑞斯屬於大地，尼普頓屬於大海。其餘的神屬於其他地方。此事很容易理解。無論他們屬於什麼性質，習慣上叫什麼名字，我們都有義務敬重他們，以我們的信仰顯示他們的榮耀。——編註）

埃及宗教在羅馬確實一貫被禁，這是因爲埃及宗教缺乏寬容精神，總想唯我獨尊，有我無他，把自己建立在其他宗教的碎片上；以至於羅馬人一貫秉持的溫柔與平和精神，反倒成了他們與埃及宗教不斷進行戰爭的眞正原因。元老院下令拆毀供奉埃及神祇的廟宇，據瓦萊里烏斯·馬克西姆斯說，⑲埃米里烏斯·保魯斯以身作則，帶頭發難，鼓動受到迷信驚嚇的人們。

但是，塞拉皮斯和依希絲的祭司們建立這些禮儀的熱情極高，遠遠勝過羅馬人禁止這些禮儀的熱情。據狄奧說，⑳儘管奧古斯都禁止在羅馬採用這些禮儀，可是，當奧古斯都不在羅馬時，負責掌管羅馬全城的阿格里帕卻不得不重申禁令。在塔西佗和蘇埃托尼烏斯的著作中可以讀到，元老院不得不多次頒布決定，把埃及宗教逐出羅馬。

應該指出，羅馬人分不清猶太人和埃及人，恰如他們分不清基督教徒和猶太教徒一樣；埃及人的宗教和基督教長期被視爲猶太教的兩個分支，並與猶太教一起受到羅馬人的仇恨、鄙視和迫害。羅馬廢除埃及宗教禮儀的法令，總是把猶太教禮儀包括在內。塔西佗㉑和蘇埃托尼烏斯在提比略和克勞狄烏斯的傳記中都是這樣記述的。更爲明顯的事實是，史學家們從

---

⑲《善言懿行錄》，第一卷，第三節，第三條。——孟註

⑳狄翁·凱西烏斯的著作，第三十四節。——孟註

㉑塔西佗：《編年史》，第二卷，第八十五節。——孟註

未把基督教信仰與其他信仰區分開來。哈德良時期的錯誤似乎始終未能得到糾正，這一點在這位皇帝從埃及寫給執政官塞維亞努斯的信中看得很清楚：㉒「所有崇拜塞拉皮斯的埃及人都是基督教徒，就連那些被稱作主教的人也都信奉塞拉皮斯。無論是猶太人、王子、猶太教堂、撒瑪利亞人、基督教教士、數學家、占卜師、洗浴者，不信仰塞拉皮斯的人一個也沒有。猶太人的教士不加區別地既崇敬塞拉皮斯也崇敬耶穌基督。對於這些人來說，塞拉皮斯就是上帝、基督徒的上帝、猶太人的上帝、所有各族人民的上帝，此外再無別的上帝。」竟然把這三種宗教混做一團，還有比這更加糊塗的觀念嗎？

埃及人的教士屬於特殊人群，由民眾供養，由此產生了諸多不便：國家的所有財富被一群人吞噬，他們永遠只收入，不償還，聲色不動地把一切都弄到自己手中。衣食無憂的埃及教士們無所事事，在閒逸中消磨時光，唯有閒逸帶來的惡習能讓他們走出閒逸；他們糊里糊塗、焦慮不安、殷勤諂媚；他們沾染了這些毛病之後就變得非常危險。總之，這是一群怪物，其利益與國家利益毫不相干；誰製造這個怪物，誰就在社會中播下了不和與內戰的種子。羅馬不是這樣，羅馬人把教士這個職務變爲民事職務，占卜師和大祭司都是官員，擔任這些職務的官員都是元老院的成員，因此，他們沒有不同於元老院的利益。他們非但不會利

㉒ 弗拉維烏斯．沃庇斯庫斯：《薩圖尼努斯傳》（Flavius Vopiscus，*Vita Saturnini*），載《奧古斯都史》（*Historiae,augustae*），一六二〇年版，第二四五頁；一六六一年版，第二卷，第七一九頁。——孟註

用迷信欺詐共和國，反而有效地借助迷信支持共和國。西塞羅說：㉓「在我們的城市裡，以前的國王和後來接替國王的官員都具有雙重身分，都借助宗教權威執掌國家權力。」

雙頭執政者執掌著聖事，十五掌禮官照看宗教儀式、保管女預言家的書籍，也就是過去十大執政官和雙頭執政官所作的那些事。每當元老院命令他們向神諭傳達者進行諮詢時，他們都遵照執行，然後提出報告，並在報告中提出他們自己的看法。他們同時也是負責執行女預言家在書籍中提出的要求的官員，他們還要組織世俗競技比賽，藉此讓所有宗教儀式都經由官員之手來完成。

羅馬的諸王負有一種聖職，某些宗教儀式只能由他們來主持完成。幾位塔克文被趕下臺後，有人擔心人民會發現宗教發生了某些變化，於是設立一種官職，叫作祭典王，這位官員在祭祀中擔當過去由國王擔當的角色，他的妻子則被稱作祭典王后。這是羅馬所保留的王政時期的唯一遺存。

羅馬人的一個長處是他們的立法者是最睿智的君主，世俗歷史從未談及這一點。這位偉大的君主在他在位期間，竭盡全力實現正義和公正。他不僅讓他的臣民感受到他的寬鬆政策，也讓他的鄰國感受到這一點。他建立了祭司團，團員都是祭司，沒有他們的參與，媾和

㉓《論占卜》，第一卷，一五八七版，第四卷，第三六九頁。——孟註（在古代，執掌權力的人同時也掌握占卜術。在我們的城市裡，懂得占卜的國王以及擁有同樣聖職的人，以宗教賦予他們的角色治理著國家。——編註）

與開戰都不可能。這些祭司團員在與某個民族媾和時使用的一些誓言格式一直流傳至今。一位祭司團員在羅馬與阿爾巴媾和時的講話，保存在李維的著作中：㉔「如果羅馬人民透過公開討論或是藉由欺騙手段，率先違背誓言，請朱庇特擊打他們，就像擊打在他掌控下的豬一樣。」言畢，他立即用石頭把那頭豬擊倒。

開戰之前，派出一位祭司團員到造成共和國損害的那個國家去表示不滿。他給他們留下一段時間相互商量，以便找出重建良好關係的辦法來；如果對方對於調整彼此關係不熱心，這位祭司團員就立即掉頭，離開這個不地道的國家，告辭之前要向對方援引兩位天神和兩位地獄之神；直到此時，元老院只是下令做它認爲正確和虔誠的事。所以，凡是發生戰爭，從來都不是倉促之間發生的，而是經過了長時間的深思熟慮之後才開戰的。

羅馬人的宗教政策在他們獲得勝利之時發展得更好。倘若當初迷信被聽取，勝利者的諸神早已被送到戰敗者那裡，戰敗者的廟宇早已被推倒；透過建立新的宗教信仰，戰敗者早已被置於比原先更加悲慘的被奴役地位。不過，羅馬人的實際作爲要好得多，他們主動信奉外邦的神明，並把外邦的神明接納到自己內部來，借助人與人之間這種最強大的聯繫，羅馬與各族人民聯接在一起，在外邦人眼裡，羅馬是宗教神壇的壇主，而不是世界的主人。

不過，爲了不增加神的數量，羅馬人以希臘人爲榜樣，巧妙地把外邦的神與他們自己

㉔ 李維：《羅馬史》，第一卷，第二十四節。——孟註

的神融爲一體，如果他們在征服戰爭中發現某個神與羅馬人所崇敬的神有某個相似之處，他們就崇敬他，同時用一位羅馬神的名字來稱呼他，與此同時，如果我敢這樣說的話，羅馬人還賦予這位神羅馬市民權。所以，當他們發現，某位著名的英雄將某個妖魔從國土上清除出去，或是征服了某個野蠻民族時，他們立即賦予此人赫丘利的美名，塔西佗說：「我們一直打到了大西洋，㉕在那裡找到了赫丘利之柱，或許赫丘利確實到過那裡，或許是我們把一切與他的光榮相稱的東西，一股腦兒都記在他的名下了」。

據瓦羅統計，馴服這些妖怪的人有四十四位，而依據西塞羅的統計只有六位、㉖二十二位繆斯、五個太陽、四個火神、五個墨丘利、四個阿波羅、三個朱庇特。

尤塞比烏斯走得更遠，㉗據他統計，有多少民眾就有多少朱庇特。

嚴格地說，除了共和國之神，羅馬人沒有別的神，他們不大在意他們在神話中造成的混亂和混淆。人民的輕信始終超越可笑和怪誕，一切因此而得到彌補。

㉕《日爾曼人的習俗》（*Des Moeurs de Germains*），第三十四節。——孟註

㉖《論神性》，第三卷，第十六節，第三三三頁；第二十一節，第三四〇頁；第二十三節，第三四一頁。——孟註

㉗尤塞比烏：《福音書前期準備》（Eusèbe de Césarée，*Praoepratio evngelica*），第三卷。——孟註

名詞索引

七畫

八畫

九畫

十畫

十一畫

十二畫

十三畫

十四畫

孟德斯鳩年表

C. De Montesquieu, 1689-1755

一六八九年	一月十八日出生於法國波爾多附近的拉布雷德莊園的貴族世家。
一七〇七年	十九歲時獲法學學士學位，出任律師。
一七〇九年	第一次在巴黎遊歷。
一七一四年	開始擔任波爾多法院顧問。
一七一六年	獲男爵封號，曾任律師、波爾多議會議長、波爾多法院庭長。
一七二一年	將在巴黎居住期間，目睹路易十四晚年朝政混亂的衰敗現象等，整理積稿十年的見聞記錄，化名「波爾・馬多」發表《波斯人信札》。書中藉著兩個波斯人漫遊法國的故事，揭露和抨擊封建社會的罪惡，筆調諷刺，勾畫法國上流社會中形色色的人物，受到普遍歡迎。
一七二六年	孟德斯鳩辭去世襲的波爾多法院院長職務，遷居巴黎，專心寫作和研究。漫遊歐洲許多國家，尤其考察英國的政治制度，學習早期啓蒙思想家的著作，並當選為英國皇家學會會員。
一七二八年	旅訪奧、匈、義、德、荷、英等國，實地考察其社會政治制度。
一七三一年	到奧、匈、義、德、荷、英等國作學術考察，返國後從事著述。
一七三四年	發表《羅馬盛衰原因論》，利用古羅馬的歷史資料來闡明自己的政治主張。
一七四八年	以二十七年的時間出版最重要也是影響最大的著作《論法的精神》，全面分析三權分立的原則。兩年印行二十二版。伏爾泰誇讚是「理性和自由的法典」。
一七五五年	旅途中染病，二月十日病逝於巴黎。

經典名著文庫059

羅馬盛衰原因論

Considérations sur les causes de la grandeur des Romains et de leur décadence

作　　者 ── （法）孟德斯鳩（C. De Montesquieu）
譯　　者 ── 許明龍
發 行 人 ── 楊榮川
總 經 理 ── 楊士清
總 編 輯 ── 楊秀麗
文庫策劃 ── 楊榮川
副總編輯 ── 蘇美嬌
特約編輯 ── 張碧娟
封面設計 ── 姚孝慈
著者繪像 ── 莊河源
出 版 者 ── 五南圖書出版股份有限公司
地　址 ── 台北市大安區106和平東路二段339號4樓
電　話 ── 02-27055066（代表號）
傳　眞 ── 02-27066100
劃撥帳號 ── 01068953
戶　名 ── 五南圖書出版股份有限公司
網　址 ── https://www.wunan.com.tw
電子郵件 ── wunan@wunan.com.tw
法律顧問 ── 林勝安律師事務所　林勝安律師
出版日期 ── 2019年3月初版一刷
── 2022年5月初版二刷
定　　價 ── 380元

國家圖書館出版品預行編目資料

羅馬盛衰原因論 / 孟德斯鳩著；許明龍譯．--初版--臺北市：
五南圖書出版股份有限公司，2019.03
面；公分．—（經典名著文庫）
ISBN 978-957-763-163-3（平裝）

1. 古羅馬　2. 歷史

740.22　　107019856